Franz Dingelstedt

Münchener Bilderbogen

Verlag
der
Wissenschaften

Franz Dingelstedt

Münchener Bilderbogen

ISBN/EAN: 9783957007568

Auflage: 1

Erscheinungsjahr: 2016

Erscheinungsort: Norderstedt, Deutschland

Hergestellt in Europa, USA, Kanada, Australien, Japan
Verlag der Wissenschaften in Hansebooks GmbH, Norderstedt

Cover: Tizian "Ländliches Konzert "

Münchener Bilderbogen.

Münchener Bilderbogen.

Von

Franz Dingelstedt.

Berlin.
Verlag von Gebrüder Paetel.
1879.

Inhalt.

I.

Betreff: Auspfeifen des neuen Intendanten.

———

„Sr. Hochwohlgeboren, Herrn Legationsrath
Dr. Franz Dingelstedt zu Stuttgart, Neckar=
straße Nr. 20.
                  Augsburg, 18. October 1850.

Lieber Freund! Es wird dieser Tage aus München
die Frage an Sie gelangen, ob Sie geneigt sind, die
Leitung des dortigen Hoftheaters zu übernehmen. König
Max, der berühmte Dichter an seinen Hof, hervor=
ragende Gelehrte an die Universität berufen will,
möchte auch sein Theater in den Kreis dieser refor=
matorischen Bestrebungen einbeziehen. Für letztere Auf=
gabe ist das Augenmerk Sr. Maj. auf Sie gefallen.
So meldet mir, streng vertraulich, Legationsrath
Dönniges, dem wol die Initiative in allen diesen
Plänen zuzuschreiben ist. Ueberlegen Sie sich den An=
trag reiflich, nach allen Seiten. Wie Vieles für ihn
spricht, wie Vieles gegen ihn, werden Sie besser er=
gründen und abwägen, als ich. Natürlich berathen
Sie die Sache eingehend mit Ihrer lieben Frau, welche
ja in theatralibus die Augen offener, den Blick schärfer

hat, als wir zwei. Darauf sagen Sie mir in wenigen, nach oben oftensiblen Zeilen offen Ihre Ansicht, die noch keine Entschließung sein soll und kann. Denn wir stehen vorerst noch im Stadium der Intentionen. Treulichst Ihr G. Kb.

NS. Stillschweigen versteht sich von selbst."

Vorstehender Schreibebrief lag Sonntag, den 20. October 1850, um neun Uhr Morgens, auf meiner Bettdecke. Gabriele, meine älteste Tochter, damals fünf Jahre alt — jetzt ist ihre jüngste genau so alt — hatte das Privilegium, Papa, den unverbesserlichen Langschläfer, zu wecken, wenn Mama mit dem Frühstück nicht länger warten mochte. Sie entledigte sich der nicht immer dankbaren Aufgabe, indem sie auf das Bett kletterte, und mit zwei kleinen, spitzen Fingerlein in meine Augen bohrte. Geschlossene Lider waren dem Kinde unheimlich. Es duldete sie nicht; nicht an den Eltern, den kleinen Brüdern, der alten Wartfrau. Sie stach so lang' zu, bis man, lachend oder scheltend, ihr aufthat.

Ich überflog das Blatt mit schlaftrunkenen Augen, in welche der aufgewirbelte Streusand stäubte. „Ueberflog" ist hier nicht wörtlich zu verstehen. Gustav Kolb, der treffliche, verdienstvolle, mächtige Redacteur der „Allgemeinen Zeitung" — Chefredacteure gab es damals in der deutschen Journalistik noch nicht —

mein treuer, väterlicher Meister und Freund, der mich von meinem ersten Stammeln in den Spalten seines Weltblattes an bis zu seinem letzten Briefe an mich mit rührender Geduld, Fürsorge und Liebe geführt, getragen und ertragen hat, — er besaß das beste Herz von der Welt, aber eine lästerlich schlechte Hand, welche in häufigen Fällen nur sein Leibsetzer in der Officin der J. G. Cotta'schen Druckerei zu lesen vermochte, der Schreiber selbst nicht. In fliegender Hast auf das Papier geworfen, lagen und liefen Buchstaben, Wörter, Zeilen durcheinander, ineinander, übereinander; einzelne Ausreißer und Nachzügler waren in der Hitze des Gefechts ganz und gar in Verlust gerathen, und die gewagtesten Abkürzungen machten die lateinisch gemeinte Schrift vollends zur Hieroglyphe.

Aus dem Bett springen, in den Schlafrock fahren, in's Speisezimmer stürzen, war das Werk einer Minute. Frau Jenny saß, in sonntäglicher Morgenruhe, schon lange über ihrer Mundtasse. Damals — gute Zeit! — dampfte und duftete auf dem Familientische noch der braune arabische Trank in der schlanken Kaffeekanne, welche jetzunder der blasse, dickbäuchige, melancholische Chinese, Theekessel geheißen, verdrängt hat. „Lies!" schrie ich ihr zu und schleuderte den Brief in ihren Schoß. Sie blickte verwundert erst mich an, dann die Papyrusrolle, reichte mir diese darauf kopfschüttelnd wieder zu, und sagte: „Du weißt ja, daß ich die Pfoten da nicht lesen kann. Setz' Dich nieder, die Eier müssen ohnedem hart geworden sein." — „Hans, lieber Hans", erwiderte ich ihr, übermannt von tiefer Erregung und in meinen Lehnstuhl sinkend, „es ist ein Ruf, für mich nach München an's Theater!" Nun schrie sie auf, umklammerte mich mit beiden Armen, glitt bebend an mir nieder und schluchzte unter einem Thränenstrome: „Gott sei gelobt! — Hab' ich nicht gesagt, mein Franz, daß Deine Zeit kommen wird? O, Du hast's verdient, tausendmal verdient. Aber ich auch ein Bissel, gelt, mein Franz?!" — Und ich .. Ei was, warum es verschweigen? Ich weinte herzlich mit ihr und drückte mein treues, tapferes Weib fest an die Brust. Gabriele und Fränzchen fielen heulend ein, natürlich ohne zu wissen warum. Wilhelm, der Jüngste, noch nicht zwei Jahre alt, verschwand aus dem Zimmer, auf dem Arm seiner Wärterin, mit einem Stentorgeschrei, das frühzeitig seinen Beruf für das Commando auf dem Exerzierplatz documentirte.

Was weiter geschah? Nun, ich will es kurz machen. Erzähle ich doch heute flüchtig, nur in Bruch=stücken, ohne beim Anfang anzufangen, am Ende zu endigen, gleichsam wie man im Eisenbahnwaggon einer zufällig zusammengewürfelten Reisegesellschaft dies und jenes Abenteuer zum Besten gibt. Aber die Zeit wird kommen, da ich an langen Feierabenden hinter dem Ofen des häuslichen Herdes, wie Vater Campe, Kindern und Enkeln, vielleicht auch einer stillen Gemeinde freund= licher Leser und Leserinnen, das Robinson=Märchen meines Lebens in so und so vielen Bänden erzähle, in voller epischer Breite und Stetigkeit, will sagen Langweiligkeit.

Der gewisse zwanzigste October war ein wunder= voller Herbsttag. Uns zog es hinaus, das übervolle Herz unter freiem, heiterem, tiefblauem Himmel gegen einander auszuschütten. Die drei Kinder wurden, mit besonderer Sorgfalt aufgeputzt, in den Schloßgarten geschickt. Ich glaube, meine Frau hat jedem beim Anziehen das große Geheimniß in die nicht ohne Wider= streben gewaschenen Ohren geraunt. Sie und ich, wir schlugen unseren gewohnten Spaziergang ein, nach der Feuerbacher Haide, wo wir unter einer Gruppe hoch= ragender Pappeln, das friedliche Städtebild Stuttgarts zu unseren Füßen, zu rasten pflegten, in Erinnerungen verloren, Luftschlösser bauend, mitunter auch schmollend, grollend. Aber an jenem Morgen war Alles in uns, über uns, um uns eitel Lust und Licht. Ich ärgerte mich nicht einmal über das unausstehliche Gekläff Robbi's, des verzogenen Haus= und Schoßhundes von echter King=Charlesrace, der uns hehlings nachgeschlichen war, durch die welken Blätter am Wege in tollen

Sprüngen raste, und unseren inneren Jubel in die stille Feiertagswelt hinauszubellen schien.

Wäre mir's nachgegangen, ich hätte stehenden Fußes mich aufgemacht nach Augsburg und München, zu Kolb, zu Dönniges. Die mit Dampfkraft arbeitende Poeten-Phantasie versetzte mich flugs in das Audienz-Zimmer des Königs Max und improvisirte ein ideales Intendanz-Programm: Sire, geben Sie Theaterfreiheit! Aber anders ward es im Rathe der Götter beschlossen. Ce que femme veut, Dieu le veut. Die meinige, in welcher das heißblütigste Künstlertemperament einen sehr klaren Verstand und die scharfsichtigste Welt- und Menschenkenntniß niemals zu trüben vermochte, stimmte für Dableiben, für Abwarten. Laß an Dich kommen! Sieh', was sie bieten! Höre, was sie fordern! Wäge ab, was Du aufgibst! So rieth sie, und wie sehr meine Ungeduld damals gegen ihren Rath aufschäumte, so erkannte ich gar bald, erkenne es noch besser jetzt, im Rückblicke, daß sie Recht gehabt.

Wie und warum es überhaupt nur möglich gewesen, einen so anmuthigen, windstillen, sicheren Hafen wie Stuttgart zu vertauschen mit der offenen, rauhen, stürmischen See der bajuvarischen Hauptstadt, die friedlich-classischen Räume der königlichen Handbibliothek — (dieselben, in welchen ehemals die hohe Karlsschule seßhaft gewesen) — mit einem, jedem Luftzuge von oben, von unten, von innen, von außen ausgesetzten Hof=Theater, den besten, bequemsten aller Herren, König Wilhelm von Würtemberg, mit dem vielköpfigen Tyrannen, Publicum geheißen, — dieses Räthsel zu erklären, dazu ist hier, in den „Münchener Bilder=bogen", nicht der Ort. Die Lösung findet sich in einem anderen Theile meiner Aufzeichnungen, welcher Theil „Schwabenstreiche" betitelt ist[1]). An dieser Stelle will ich nur den endgültigen Beschluß des häus=lichen Kriegsrathes berichten, der an dem folgenschweren Sonntag Morgen, 20. October 1850, auf der Feuer=bacher Haide abgehalten wurde.

Mein Orakel entschied, daß mit langwierigem Hin= und Herschreiben keiner von beiden Seiten gedient

----

[1]) Der geneigte Leser möge im Vorbeigehen, durch eine Note unter dem Text, sich zuflüstern lassen, daß mein gesammter Lebens=lauf in sieben Hauptstücke zerfällt — (ach ja, im eigentlichsten Sinne des Wortes: „Zerfällt!") — Nämlich: 1) Ein blinder Hesse; Geburt, Kindheit, Schule, Universität. 1814 bis 1834. — 2) Lehrjahre (will sagen: Jahre in denen ich gelehrt habe), Nick=lingen bei Hannover, Kassel, Fulda. 1835 bis 1841. — 3) Wander=jahre. Paris, London, Wien. 1842 bis 1844. — 4) Schwaben=streiche. Stuttgart 1844 bis 1850. — 5) Münchener Bilderbogen. 1851 bis 1857. 6) Stillleben in Weimar. 1857 bis 1867. — 7) Wiener Haupt= und Staatsactionen. 1867 bis 19?? — Wo die Biographie aufhört, beginnt der Nekrolog, welchen ich, vor=sichts= und sicherheitshalber, ebenfalls eigenhändig zu besorgen gedenke.

werde. „Sie können Dich möglicherweise sogar hinhalten, papiereln, aufsitzen lassen," sagte Jenny. (Papiereln ist ein unübersetzbarer Prachtausdruck aus dem Wiener Straßenlexikon, der sich allenfalls durch ein anderes Bild erläutern läßt: Ueber den Löffel barbieren.) „Du mußt Dich persönlich zeigen und überzeugen; aber nicht sogleich, nicht ohne glaubwürdigen Vorwand. Wenn Du Dich gibst, wie Du bist, Dein Züngerl im Zaum hältst, Deiner schlechten Laune nicht den Zügel schießen lässest, ist der Sieg Dir gewiß. Den Vorwand, nein, mehr als einen Vorwand, den echten und rechten Zweck Deines Besuches in München liefert Dein Stück. „Das Haus des Barneveldt" ist fest angenommen. Betreibe mit allen Mitteln eine baldige Aufführung. Setze selbst in Scene, damit Du Dein neues Feld kennen lernst, Deine zukünftigen Leute Dich. Der König, Deine Münchener und Augsburger Freunde, sie sehen Dich in der Arbeit, beurtheilen Dich nach dem Erfolge." — Und wenn dieser Erfolg in eine Niederlage umschlägt? so warf ich kleinlaut ein. — „Dagegen schützt uns der unleugbare Vorgang Dresdens. Trau' meinen Ahnungen: Du wirst durchdringen. Aber gehen mußt Du, nicht schreiben. Selber ist der Mann." — Der Mann nicht, ohne seine Frau. Begleitest Du mich? — „Werd' mich hüten. Ich lasse die Kinder nicht allein. Sie brauchen mich; Du nicht.

Bei dieser Reise könnt' ich nur im Wege sein, auch will ich keine Verantwortung auf mich laden. Du selbst mußt wählen und entscheiden."

So geschah es denn, daß ich — allerdings doch erst nach einer sechswöchentlichen Pause, während welcher der erschöpfendste Briefwechsel zwischen München, resp. Augsburg und Stuttgart in Permanenz erklärt worden war, und nachdem ich mir in Augsburg Kolb's Reise-Segen geholt, — Freitag, den 13. December, vier Uhr dreißig Minuten Nachmittags im bayerischen Hof einzog. Mich überläuft heutzutage eine Gänsehaut, wenn ich mich erinnere, wie gleichgültig ich dazumalen gegen die unzweideutigsten Omina gewesen bin. Frei-tag .. den Dreizehnten! Schaudervoll! Und . höchst schaudervoll: auf dem Theaterzettel, welchen ich beim Hereinfahren an einem Eckhause des Dultplatzes er-spähte, stand — „Die Schule des Lebens", von Raupach. Ich erfinde Nichts. „Wahrlich, es ist so. Es ist wirklich so. Ich hab' mir's verzeichnet."

Ueber alle Vorbereitungen, Meldungen, Vorstel-lungen, Antrittsbesuche, Einladungen eile ich hinweg, um rasch zur Hauptsache zu gelangen. Nur meiner ersten Audienz bei weiland Seiner Majestät König Maximilian möcht' ich wenigstens kurz gedenken.

Sie fand statt, die Audienz, Sonntag, den 15. December, drei Uhr Nachmittags, nach einer für mich

höchst anstrengenden Probe des „Barneveldt". Als
Flügeladjutant vom Dienst empfing und begrüßte mich, —
diesmal ein gutes Omen, — Freiherr von der Tann.
König Max war in Uniform. Ich desgleichen. Unser
Zwiegespräch ebenfalls. Dasselbe ging zierlich einher,
in Silber gestickt, mit Federhut und Staatsdegen;
aber knapp, eingezwängt, in kleinen, abgemessenen
Schritten, auf Gemeinplätzen sich bewegend. Zur Person
und zur Sache kein Wort. Nur nebenhin, mit einem
Blick durch's Fenster das gegenüberliegende Theater
streifend, fragte seine Majestät, wie das Haus mir
gefallen habe. Ich antwortete ausweichend. Denn
ich trug Bedenken, den niederschlagenden Eindruck,
welchen zwei Morgenproben und eine Abendvorstellung
auf mich hervorgebracht, wahrheitsgemäß zu schildern.
Den von außen so imposanten Prachtbau, mit dem
„säulengetragenen herrlichen Dach" und dem doppelten
Giebel, von welchem Apollo, Pegasus, die Horen, die
Musen in bunten Farben leuchtend herniederwinken,
einen echten Musentempel, fand ich inwendig vernach=
lässigt, herabgekommen, dürftig beleuchtet, und die
Künstlergesellschaft zwar willig, — wo und wann wären
es die Schauspieler nicht? — aber ungeschult, nicht
beisammen, an strenge Arbeit sichtlich nicht gewöhnt.
Die Mittagstunde war kaum vorüber, als bald hier,
bald da verstohlen auf die Sackuhr geschielt wurde.

Am halbdunklen Regietisch saß, in Filzschuhen und im
Nasenwärmer, ein verdrießlicher alter Knabe, krampf=
haft in dem durchschossenen „Haus des Barneveldt"
blätternd, das er mit Bleifederstrichen illustrirt hatte,
um zu bezeichnen, wo Fräulein X. abgeht, links oder
rechts, wann Herr Y. im Hintergrunde auftritt, und
wie der Schlachtenlenker, Herr Z., hinter der Scene
das Volksgewühl „markirt". Die Statisten selbst
waren, um Kosten zu sparen, erst zur letzten Probe
commandirt worden, bei der dann ihrerseits die Solisten
nur „markiren", weil sie sich schonen müssen   Alle
solche große und kleine Leiden, welche kurz vor dem
entscheidenden Abend die Dichterseele schwer belasten,
durfte ich doch vor dem König nicht ausweinen. Es
war ja endlich sein Theater, und ich noch lange nicht
dessen Intendant.

Als ich nach drei gedehnten Viertelstunden ent=
lassen wurde, mit einer unnachahmlich graciösen Kopf=
und Handbewegung, in welcher König Max wirklich
ein Meister war, — schlich ich ziemlich kleinmüthig,
„demissis auriculis, ut iniquae mentis asellus", die
breite Hauptstiege der Residenz hinunter. Unwillkür=
lich drängte sich mir der Vergleich mit einer anderen
ersten Begegnung auf, die, sechs Jahre früher, im
Schloß zu Stuttgart sich begeben hatte. Siehe:
„Schwabenstreiche". König Wilhelm von Würtemberg

wußte mich in einer kurzen Stunde auswendig. Im Handumdrehen hatte er mir auf den Zahn gefühlt, meine Lebensgeschichte und mein politisches Glaubens= bekenntniß abgehört, mich in französischer Sprache und Literatur examinirt, auch besonders scharf inquirirt, ob ich von meinem Landesherrn, dem Kürfürsten von Hessen, in Frieden und Ehren entlassen worden sei. Dann sagte er: „Die Stelle meines Bibliothekars ist offen; Ich würde mich freuen, wenn Sie sie annehmen wollten", und entzog sich meinem Dank mit den Worten: „Reden Sie mit Meinem Staatssecretär das Nähere ab". Im Nu waren wir miteinander einig, während es eines vollen Jahres bedurfte, ehe ich zu König Max in ein eigentliches und persönliches Verhältniß trat. Seine Natur brachte das so mit sich; eine durch und durch edle, feine, humane, aber in sich gekehrte, nach außen gebundene, sich schwer aufschließende, und leicht irre gemachte Natur.

Mittwoch, den 18. December[1]) ging das „Haus

---

[1]) Hier kann ich nicht umhin, ein merkwürdiges Zusammen= treffen von Daten zu erwähnen, das sich in meinen Erinnerungen oftmals wiederholt. An einem achtzehnten December, des Jahres 1834, machte ich vor der theologischen Facultät der hessischen Landes=Universität Marburg mein Examen und wurde „cum laude', admittirt zu den höheren praktischen Prüfungen pro licentiâ con- cionandi.

des Barneveldt" endlich glücklich in Scene. Glücklich; denn der Erfolg war ein echter, voller, nicht einmal durch das Decrescendo des Stückes beeinträchtigter, das die stärksten Accorde im ersten Aufzug anschlägt. Wie viele Epigonen können einen fünften Act schreiben? Wie oft ist er den Heroen, den Classikern mißglückt? Der verehrte Dichter wurde dreimal gerufen und erschien mit liebenswürdiger Bereitwilligkeit, an der linken Hand seine „Mutter", Fräulein Denker, an der rechten seine „Heldin", Fräulein Damsöck, galant vorführend. Nachdem der Vorhang gefallen, große Gratulations-Cour auf den Brettern, und dann fidele Kneiperei im „Stubenvoll" der Maler. Mitternacht war längst vorüber, als mich Freund Teichlein zum bayrischen Hof geleitete. Aber ich war und blieb nüchtern, wie mir auch hinter den Coulissen weder ein tüchtiges Kanonenfieber, noch eine trunkene Siegerstimmung gekommen war. All' mein Dichten und Trachten richtete sich, gespannt und drängend, auf den einen Hauptzweck, dem ich mich nicht um einen Schritt näher gekommen fühlte. Das Mittel, mein Stück und dessen Schicksal, lag mir beinahe fern.

Nach der Première begann für mich eine Epoche der Saturnalien, wie sie in Alt-Rom, genau um dieselbe Jahreszeit, vom 18. December an, nicht lustiger gefeiert worden sind. In meinem Kalender finde ich

Tag für Tag, bald Mittags, bald Abends ein Zweck=
essen, welches mir zu Ehren einzelne Freunde und ganze
Gesellschaften, wie die Zwanglosen, der Dichter=Verein
„zur Isar", Altengland, die Künstler, die Regisseure
veranstalteten. Ich ließ mich feiern und ging von
einer Hand in die andere, aus dem Salon in die
Kneipe, vom häuslichen Herd zur festlichen Tafel. Am
wohlsten, am wärmsten fühlte ich mich bei Dönniges,
dessen geist= und gemüthvolle Frau, Franziska, mit
weiblicher Energie in allen Kreisen Propaganda für
mich machte. Sie hielt mich aufrecht durch Scherz
und Ernst, wenn mein Unmuth über die allerdings
begonnenen, aber mit penelopeischer Weberkunst in's
Endlose gesponnenen Verhandlungen mit dem Hofe
mich zum Abreißen zu treiben drohte. Dönniges stand
mir in letzteren mit burschikoser Kraft und Laune
getreulich bei, während für den König sein damaliger
Secretär agirte, der jetzige Staatsrath im ordentlichen
Dienst, Ritter von Pfistermeister, auch er beseelt von
unverkennbarem Wohlwollen für mich, welches er mir,
vom schweren Anfang bis zum raschen Ende meines
Münchener Aufenthalts, fest bewahrt und in kritischen
Lagen oft bewiesen hat. Aus seiner Hand empfing
ich endlich, — selbstverständlich, nachdem schon die
Sperlinge auf den Dächern die Kunde vom neuen
Intendanten pfiffen, nach vierzehntägigem Hangen und

Bangen in schwebender Pein, am letzten Abend des Jahres das nachstehende Cabinetsschreiben:

„An Seine, des Königl. Würtembergischen Legations-rathes und Hofbibliothekars, Herrn Dr. Franz Dingel-stedt, Hochwohlgeboren.

Sehr verehrter Herr! Seine Majestät der König, mein allergnädigster Herr, haben unter dem Heutigen Sich zu entschließen geruht, die Leitung des König-lichen Hoftheaters dahier Ihnen als Intendanz-Ver-weser, und zwar vorläufig auf die Dauer von drei bis fünf Jahren in provisorischer Eigenschaft, mit einem jährlichen Gehaltsbezuge von 2500 fl. (Zweitausend fünfhundert Gulden), dann 500 fl. (Fünfhundert Gulden) Umzugsgebühren, sowie mit einem Rücktrittsgehalte von 1000 fl. (Eintausend Gulden) für den Fall un-verschuldeter Dienstunfähigkeit, von einem Allerhöchst Selbst zu bestimmenden demnächstigen Zeitpunkte an zu übertragen. Ansprüche auf Wittwen-Pension und Waisen-Alimentation sind für die drei ersten Jahre des Provisoriums mit dieser Verwendung nicht ver-bunden. Ew. Hochwohlgeboren werden vor dem Dienstes-antritte die zur Erlangung des bayerischen Indigenats nöthigen Schritte einzuleiten belieben. Indem ich mich beehre, Allerhöchstem Befehle gemäß Vorstehendes Ew. Hochwohlgeboren ergebenst mitzutheilen, verbleibe ich unter Versicherung der ausgezeichnetsten Hochachtung

Ew. Hochwohlgeboren ganz ergebenster Pfistermeister, Secretär des Königs. München, den 31. December 1850."

Diesen Brief auf dem Herzen, eine Centnerlast vom Herzen, fuhr ich Mittwoch, den 1. Januar 1851, elf Uhr Vormittags von München ab, in das neue Jahr, das neue Leben hinein, mit welchen Empfin= dungen, das will ich nicht beschreiben. Im Posthofe zu Augsburg, — damals (obwol das heute wie eine Sage klingt) fuhr man von München bis Augsburg mit der Eisenbahn, von Augsburg bis Ulm mit dem „Eil"=Wagen, und wieder von Ulm bis Stuttgart mit der Eisenbahn, in, Summa Summarum, fünfzehn Stunden, — im Posthofe zu Augsburg also empfingen mich Kolb und Oscar Peschel. Der Erstere schmunzelte, kicherte, blinzelte in seiner ganz besonderen Weise; der militärisch zugehauene Schnurrbart sträubte sich borsten= gleich und sprühte Funken. „Nun," sagte er, nachdem er das von mir triumphirend geschwungene Cabinets= schreiben bedächtig durchgelesen, „das goldene Vließ bringen Sie just nicht heim. Immerhin aber, da der Wechsel Sie beglückt, ist er ein Glück, und so wollen wir Ihnen von Herzen Glück wünschen."

Wir trappelten, uns die Füße zu vertreten, ge= müthlich in dem dünn verschneiten Posthofe auf und nieder. In seiner milden, humoristischen Tonart fuhr der Meister fort: „Jetzt machen Sie, daß Sie in's

Trockene kommen. Es wird alsbald ein Unwetter los=
brechen, das Sie besser von Weitem über sich ergehen
lassen, als daß Sie unter der Traufe stehen oder gar
sich wehren. Halten Sie die Ohren zu und steif. Der
Münchener Volksbote und unsere Collegin, die Augsburger
Postzeitung, die schlagen derber drein als der Stuttgarter
Beobachter. Wir decken Ihnen, so weit es nöthig, den
Rücken. Doch darauf müssen Sie sich gefaßt machen,
daß Sie von heut an für die Fest= und Feiertage
zahlen. So lange Sie Gast gewesen im Hoftheater, ging
Alles gut ab, glatt, sogar glänzend. Von dem Augen=
blick, da Sie die Intendanz übernehmen, ändert sich
die Scene. Jetzt sind Sie ein Fremder, ein Eindring=
ling, ein Emporkömmling; vom „Preuß" und vom
„Ketzer" nicht zu reden. Dadurch, daß wir bis jetzt
begeisterte Lobeshymnen auf Sie und auf Ihr Drama
vorsichtig bei Seite gelegt, haben wir das Recht er=
worben, ebenso zu verfahren mit den jetzt hinterdrein
hinkenden Angriffen auf den alten Barneveldt und den
jungen Intendanten". Oscar Peschel fügte halblaut
hinzu: „Der Alte", — so hieß Kolb beim gesammten
Redactions=Personal, — „hat einen eigenen Papierkorb
gestiftet für Dingelstedt=Artikel. Sind wahre Kleinodien
darunter; unter Anderem, von einer und derselben
Hand geschrieben, zwei Cabinetsstücke: das eine, nach
der ersten Aufführung, himmelhoch jauchzend, das

andere, nach der zweiten, zu Tode betrübt"! Ich mag
ein einigermaßen verdutztes, — sagen wir: dummes
Gesicht geschnitten haben bei der reizenden Perspective,
die sich mir aufthat. Denn die zwei Freunde lachten
hell auf, lachten noch, als ich, im Coupé des Eilwagens
embryonenartig eingekapselt, neben mir der himmel-
blaue Schaffner sammt Hund und Tasche, durch ein
romantisches Posthorn aus dem Thorwege hinaus-
geblasen wurde. „Nix halt den Wag'n so warm im
Winter, als so a Viech", versicherte der Biedermann,
indem er den Spitz am zotteligen Kragen packte und
unter den gemeinschaftlichen Sitz schleuderte. Darauf,
in der Voraussetzung, „daß gewiß der Herr selber a
Raucher is", hüllte er sich und mich in Wolken, welche
mehr nach der Pfalz als nach Amerika dufteten.

Wie ich, — nachdem ich in Ulm übernachtet,
aber freilich nicht geschlafen hatte, — Donnerstag, den
2. Januar 1851, zwei Uhr Nachmittags, in Stuttgart
wieder eintraf, auf dem Perron von Frau und Kindern,
von theilnehmenden Freunden und neugierigen Pflaster-
tretern gleich einem heimkehrenden Nordpolfahrer, feier-
lichst empfangen; wie König Wilhelm von Würtemberg mich am 6. Januar [1] (Drei-Königstag und Faschings

---

[1] Wiederum ein Kalenderspiel. Genau sechs Jahre später,
am heiligen Drei-Königstage des Jahres 1857, erfuhr ich, und
zwar in meinem eigenen Salon, worin eine lustige Gesellschaft

Anfang) schriftlich, am 10. mündlich aus seinen Diensten entließ, mit einer Ungnade, welche, nach der Interpretation der Hofgelehrten, ein rechtes Zeichen höchster Gnade; wie darauf die Münchener Saturnalien in Stuttgart fortgesetzt wurden, da nach der Reihe alle meine vornehmen Gönner und die lustigen Freunde aus der Glocken-Gesellschaft mich zum Abschied „feiern" mußten: darüber hüpfe ich mit zwei Gänsefüßchen leichtfertig hinweg. „Siehe: Schwabenstreiche". Was um diese sturm- und drangvolle Jahreswende Alles in mich hineingestopft worden ist an feinen Speisen und edlen Getränken, an guten Wünschen und schlechten Witzen, an lustigen und traurigen Gelegenheits-Reden, das geht über alles menschliche Maß hinaus, und ich begreife heutzutage wahrhaftig nicht, daß ich mit heiler Haut davon gekommen bin.

An der Kehrseite fehlte es indeß auch nicht. Der von den Augsburger Wettermachern verkündigte Sturm brach richtig und tüchtig los. Jeden Morgen stürzte

---

das Bohnenfest feierte und Frau Elise von Pacher, des berühmten National-Oekonomen List berühmt-schöne Tochter, als Königin krönte, daß am selbigen Morgen das Decret meiner Entlassung aus königlich bayerischen Diensten unterzeichnet worden sei. So berichtete mir — der Wahrheit gemäß, wie der Erfolg bewiesen — ein Wissender unter meinen Gästen, der Zeit und Ort seiner Mittheilung allerdings seltsam gewählt.

ein Schauer von Briefen auf mein Bett, so daß der kleine Mercurius die Schürze zu Hilfe nehmen mußte, sie aufzufassen. Anonyme Drohungen bildeten eine stehende Rubrik darunter. Auch an wohlgemeinten Warnungen echter und falscher Freunde fehlte es nicht, welche in den theilnehmenden Rath ausliefen, zurückzutreten, so lange es noch Zeit. Und, unter Kreuzband, welches Kreuz von Tagblättern! In einem wurden die Sonette abgedruckt, die vor zehn Jahren der kosmopolitische Nachtwächter an das Münchner Kindl getutet. Ein anderes brachte eine Biographie, Wahrheit und Dich= tung, letztere durch Kühnheit und durch Bosheit gleich ausgezeichnet. Das dritte hetzte die Künstler des Hof= theaters auf zu einem öffentlichen Protest gegen den neuen Intendanten. Pelotons von Inseraten in ge= bundener und ungebundener Rede knatterten längs der ganzen Schlachtlinie. Da der Lärm kein Ende nehmen wollte, wol aber meine, in Kolb's Hände gelobte passive Geduld, constituirte sich meine Frau und unser dicker Haus= und Herzens=Freund Hackländer als Quarantaine=Commission. Alle Einläufe von der Post mußten ihre Censur passiren, ehe sie an mich gelangten. Die Mehrzahl wurde confiscirt, unterdrückt, verbrannt. Hackländers praktischer Sinn und Schick erwies sich überhaupt äußerst nützlich. Er hatte seinen Purzel= baum am Hof bereits geschlagen, war aber, elastisch und zäh wie ein Gummiball, gleichzeitig in Ungnade beim Kronprinzen gefallen und in die Gnade des Königs gesprungen. Meine Berufung nach München begrüßte er mit lauter Freude als eine „Erlösung von den Schwaben", denen er, und die ihm niemals grün gewesen. Darum stand er uns eifrig bei in den Vorbereitungen des Umzugs, leitete das Geschäft des Büchereinpackens, das ihm immer ein Vergnügen, mir die pure Unmöglichkeit war, zog ausstehende Rechnungen für das Haus ein, beschickte Gänge, empfing Besuche, scherzte mit meiner Frau, beonkelte die Kinder — Kurz, er stellte sich eben so hilfreich dar, als ich — beschämt muß ich es eingestehen, — hilflos. Geplagt von allen Arten des Katzenjammers, lag ich den ganzen lieben Morgen in Lebensgröße auf dem Sopha, bis es mir Hackländer, mein Wichtelmännlein, eines Tags unter dem Leibe wegziehen ließ, um das nothwendigste Stück meines Hausraths dem Spediteur zuerst zu überantworten.

Wenn ich mir jetzt die chaotische Auflösung meines Stuttgarter Aufenthaltes vergegenwärtige, so muß ich sagen, daß die äußerlich bewegte Zeit mir innerlich recht hohl erscheint. Volle vier Wochen hab' ich gar Nichts gethan, ich, der ich, meiner Natur nach, nicht eine Stunde müßig sein kann; Nichts gelesen, Nichts geschrieben, weder gedichtet noch getrachtet, kaum gesprochen, kaum gedacht. Dann und wann hospitirte ich in der Kanzlei des Stuttgarter Intendanten, Baron Gall, der mir mit freundschaftlicher Bereitwilligkeit den Schatz seiner Erfahrungen aufschloß, mich einweihte in die Geheimnisse der Holbeinischen Repertoire=Tafel und der statistischen Tabellen, frei nach Küstner, und mir einen theoretischen Leitfaden durch das vor mir liegende Labyrinth in die Hand gab, der dann aller= dings in kritischen Augenblicken der Praxis plötzlich abriß oder zum gordischen Knoten sich verwickelte. Außer diesen Unterrichts= und Abrichtungsstunden war und blieb in mir Alles wüst und leer. Windstille vor dem Sturm.

Ich dankte dem Himmel, als ich Dienstag, den 28. Januar 1851, acht Uhr Abends, nach schwerem Abschied von der Familie, die mir erst in der Char= woche folgen sollte, in den Eilwagen stieg und, dies= mal über Nördlingen (variatio delectat!) gen München abreiste, wo ich am Mittwoch, vier Uhr Nachmittags, wiederum im bayerischen Hofe, eintraf. Donnerstag Meldung im Theater und im Obersthofmeister=Stab, aus welchem mir das officielle Anstellungs=Decret zu= gegangen war. Freitag (abermals ein ominöser Freitag .) Audienz bei König Max. Sonnabend feierliche Eides=Ablage in die Hände des Obersthof= meisters Grafen von Sandizell; hierauf durch denselben

Einführung und Vorstellung vor dem im großen (und eiskalten!) Foyer vollzählig versammelten Kunst- und Verwaltungs-Personal des königlich-bayerischen Hof- und National-Theaters.

Jetzt kommt's.

Die üblichen Wechselreden waren überstanden. Ich hatte, ebenfalls in üblichem Stile, um „Vertrauen" gebeten, — das mißtrauischeste Völklein von der Welt, Schauspieler, obendrein ihnen wildfremd, um „Vertrauen", — und dabei weder ihnen, noch mir warm gemacht, vielmehr jämmerlich gefroren, woran der leichte Frack und die verzeihliche Erregung gleicher Maßen schuld sein mochten. Herabgestiegen von dem teppich-bedeckten Podium, das mein Schaffot vorstellte, — den Block ein grün behangener Tisch, woran der Oberst-hofmeister-Stab amtshandelte, — mischte ich mich leutselig in die dichte Schar schwarzgekleideter Herren und weißgekleideter Jungfrauen, die ersten Sterne einzeln zu begrüßen. Da tritt, militärisch salutirend, der Haus- und Polizei-Inspector Wilhelm Schmitt an mich heran, — ein stattlicher Mann, breitschultrig, untersetzt, mit Adleraugen und Adlernase, das von akademischen Narben gezeichnete Gesicht immer hoch-rothgefärbt, von einem kurzen schwarzen Vollbart ein-gefaßt, und auf dem mächtig großen, vor der Zeit fast gänzlich kahlen Kopf die dunkelblaue, rothgesäumte

Dienstmütze mit dem bahrischen Löwen in Silber . Dieser Mann, eine der populärsten Gestalten Münchens, ist, sechs Jahre lang, nicht von meiner Seite gekommen und hat sich aus meinem Spiritus familiaris endlich in meinen Nachfolger entpuppt . „Der Polizeidirector Graf Reigersberg wünscht den Herrn Intendanten zu sprechen," rapportirte er mir in's Ohr. — Jetzt, und hier? — „Es ist dringend". Dies mit vielsagendem Blick . Ich entschuldigte mich, bat zu warten, folgte dem durch den langen, dunklen Gang vorauseilenden Inspector in mein Empfangszimmer, und fand dort, meiner harrend, einen feinen Herrn mittleren Alters mit weltmännischen Formen, die aber in Bahern weit= aus bequemer und lässiger sich darstellen, als die gesteifte Sitte des deutschen Nordens oder das mühselige Vor= nehmthun eines alemannischen Süddeutschen.

„Pardon, wenn ich störe," rief mir mein Besucher in ganz jovialem Tone entgegen, mir die Hand bietend. „Ich bringe nicht einmal was Gutes. Aber ich komme in guter Absicht, als guter Nachbar." (Polizei und Theater liegen nah beisammen.) Mit diesen Worten überreichte mir der Graf einen actenmäßig gefalteten halben Bogen groben, grauen Schreibpapiers. Darauf stand als Ueberschrift: „Rapport vom 30. Januar 1851," und auf der Seite als Rubrum: „Betreff — Auspfeifen des neuen Intendanten." Der Text lautete etwa folgendermaßen: „Gestern und schon seit ein paar Tagen werden in verschiedenen Schanklocalitäten, auch in der Au, von Stammgästen und von weniger bekannten Persön= lichkeiten Verabredungen gepflogen, die den neuen Herrn Intendanten des Theaters angehen. Er soll ausgezischt und ausgepfiffen werden, wenn er zum ersten Male in seine Loge eintritt. Da dies Sonntag der Fall sein dürfte, bei voraussichtlich starker Frequenz, empfehlen sich Vorsichtsmaßregeln." — Unterzeichnet war der mir unbekannte Name eines Agenten.

Ich las, las langsam, einmal, zweimal, faltete darauf das Blatt säuberlich wieder zusammen, stellte es dem Grafen mit einer, wie ich fürchte, einigermaßen steifen Verbeugung zurück. Er erwiderte dieselbe und sah mich an mit „durchdringendem" Blicke. Man kennt ihn ja, diesen Blick der Polizeichefs, Staatsan= wälte, Untersuchungsrichter. „Was gedenken Sie zu thun?" so fragte er nach einer schwülen Pause. — „Was kann ich thun? Kann ich überhaupt Etwas thun?" — Ueberlegen wir. Die Sache hat Sie über= rascht. — „Keineswegs, Herr Graf. Nach Allem, was ich in den letzten Wochen aus und über München ge= hört, bin ich auf Alles in München gefaßt. Gestatten Sie mir eine Frage. Glauben Sie, daß der Rapport Ihres Agenten Grund hat?" — „Daran ist kein Zweifel. Man munkelt im Publicum seit geraumer

Zeit ebenfalls dergleichen." — „Und weiter: glauben
Sie, daß die Verabredenden Ernst machen werden?" —
„Diese Frage getraue ich mich nicht zu beantworten.
Ich möchte auch nicht rathen, es darauf ankommen zu
lassen. Es muß vorgebeugt werden. Wir dürfen die
Majestäten einem Scandal nicht exponiren, wenn sie,
wie zu vermuthen steht, das Theater besuchen." —
„Gewiß nicht. Allein, wie denken Herr Graf vorzu-
beugen?" — „Wenn Sie mir eine Anzahl Parterre-
und Galerie=Billets zur Verfügung stellen, besetze ich
die Plätze mit sicheren Leuten, die jede Demonstration
im Keime ersticken, und falls das nicht möglich wäre,
das Haus bis auf das Logenpublicum räumen." —
„Ein Schauspiel im Schauspiel, worin der Intendant
eine klägliche Rolle spielt." — Graf Reigersberg fuhr
achselzuckend fort: „Es gäbe freilich noch ein einfacheres
Mittel, wenn," (zögernd) „wenn der Herr
Intendant nicht erscheinen möchten. Eine Krankmeldung
kann nicht auffallen. Das Münchener Klima ist bekanntlich nicht das mildeste, das Wetter rauh; die
Grippe grassirt wirklich" Ich fühlte, den
gewissen Blick wiederum auf mir ruhen, erwiderte ihn
fest und voll und fragte mit einer nicht erkünstelten,
sondern innerlich echten Ruhe: „Herr Graf, rathen Sie
mir, Sie persönlich, mir persönlich, zu diesem Mittel?
Würden Sie in der gleichen Lage das Mittel an-

wenden?" — „Nein," war die kurze Antwort, die wir
mit einem, auf beiden Seiten so zu sagen unwillkür=
lichen Händedruck begleiteten. Darauf bat ich, mir
vierundzwanzig Stunden Bedenkzeit zu irgend einem
Entschlusse zu lassen, den ich mündlich dem Grafen
mittheilen würde. „Freilich," sagte ich, „morgen ist
Sonntag, und da treffe ich Sie wohl kaum in Ihrem
Arbeitszimmer." — „Die Polizei hat keinen Sonn=
tag." — „Wie das Theater. Ich darf mir also er=
lauben, morgen Mittag den freundnachbarlichen Besuch
zurückzugeben und Ihnen, auch wenn mir kein mögliches
Mittel einfiele, wenigstens für Ihr theilnehmendes
Entgegenkommen zu danken. Und   noch Eins,
Herr Graf. Wenn es nicht gegen Ihre höchste Pflicht
verstößt, würde ich Sie bitten, vor Seiner Majestät
den Rapport Ihres Agenten wenigstens heute noch zu
secretiren." — „Das soll geschehen, obwol ich nicht
einsehe, wie Ihnen damit gedient sein kann." — „Ich
selbst möchte dem Könige die Meldung machen", er=
klärte ich. Darauf wiederum ein Blick, wiederum ein
Händedruck, und Graf Reigersberg, von dem im Vor=
zimmer harrenden Inspector geleitet, verschwand in
dem dunklen, endlosen Corridor. Ich sah Beiden nach,
wie sie in eifrigem Gespräche davongingen und dann,
in mein Zimmer zurückgekehrt, durch das hohe, vor=
hanglose Kanzleifenster. Die Straße und seitwärts

der große Platz draußen, drunten lag in winterlicher
Oede da. Diesen Platz, ich seh' ihn zur Stunde noch,
die gegenüberliegende Halle des Postgebäudes mit ihren
pompejanischen Wandmalereien, bunt auf Dunkelbraun,
die eherne Bildsäule vom „Vater Max", mit welken
Kränzen zu ihren Füßen und einer Allongen-Perrücke
aus Schnee auf dem Haupte. Auch das gelbe Landpost-
Kärrnlein sehe ich, welches gerade die Straße herunter
holperte . . . . . O, es wallte heiß und bitter in mir
auf, während dieser Minute am Fenster. Ich dachte
an meine fernen Lieben, an die Zukunft, an Schmach
und Schande . . . . . Der hereinstürmende Theaterdiener, — er hieß oder heißt noch: Bitzl, und er hat
mich sechs Monate lang gehaßt, aber darauf sechs
Jahre lang angebetet — riß mich aus meinen Gedanken auf mit der Frage, ob er die Herrschaften noch
länger beisammen halten solle? Richtig, die Herrschaften
hatte ich vergessen, meine Untergebenen. Ich kehrte
zurück, von hundert Argusaugen erwartet, empfangen,
angestarrt, und das unterbrochene Opferfest wurde zu
Ende gebracht, der ganze Kreis durchmessen. Auch als
ich damit fertig war, war ich nicht fertig. Ein neues
Stück, längst zur Aufführung angenommen und als
volksthümliche Vormittags-Vorstellung für den Faschings-
Dienstag bestimmt, mußte ausgetheilt werden. Es sei
die höchste Zeit, betheuerten die Regisseure, und Gefahr

im Verzuge. Zurück also in die Kanzlei. Da lagen die Rollen, da das Stück. Auf Treu und Glauben überschrieb ich jene, dem Vorschlag der Regisseure gemäß, ohne dieses zu kennen. Dasselbe war eine Gesangsposse von Friedrich Kaiser, sollte zum ersten Male Dienstag den 4. März 1851 gegeben werden (— der Geburtstag meiner Frau! —) und hieß: „Wer zuletzt lacht, lacht am besten." Regisseur Dahn, der die Gefälligkeit hatte, meine haftig gegebenen Ueber- und Unterschriften mit Streusand zu bedecken, sagte lächelnd: „Na, das ist doch nett, daß das erste Stück, welches unser Herr Intendant austheilt, gerade den Titel führt: Wer zuletzt lacht, lacht am besten." Mein guter Fritze Dahn, der mir ein sehr tüchtiger Mitarbeiter geworden und ein liebenswürdiger Freund geblieben ist, er konnte freilich nicht wissen, wie wenig lächerlich mir an jenem Morgen unserer ersten Repertoire-Conferenz zu Sinne gewesen.

Es schlug zwei Uhr, als ich nach Verabschiedung meines kleinen Cortége von Beamten und Regisseuren, das mich bis an das große Thor begleitet hatte, endlich davonfahren konnte. „Neue Amalienstraße Nummer sechsundsechzig," rief ich dem Kutscher zu. Dort wohnte Dönniges. Er versuchte, nachdem ich ihm die Erlebnisse des Morgens erzählt hatte, meine Verstimmung hinwegzuscherzen. Aber der Ernst der Situation gewann auch über ihn die Oberhand. Wir überlegten, so ruhig wie möglich. „Der König," meinte er, „hat Sie gewählt und berufen. Er muß Sie halten, und er wird Sie halten, schon weil sein souveräner Wille sich sträubt gegen jeden Druck von außen. Sein Recht, die Diener seines Hauses, die Vorstände seiner Hofhaltung selbst zu suchen und zu ernennen, wird er weder von der Sanction noch von dem Protest eines Plebiscits abhängig machen. Darin liegt die Stärke Ihrer Position. Jeder Angriff auf Sie, jetzt unternommen, ehe Sie irgend Etwas gethan haben, trifft mehr den König als Sie. Noch stehen Sie außer Schußweite. Später ändert sich das, sobald Sie in die Gefechtslinie eintreten. Daß Sie auf Kampf gefaßt sein müssen, wußten Sie. Sehen Sie Ihren Gegnern in's Auge. Bei Hofe sind es diejenigen, welche die Stellung eines Theater-Intendanten als einheimisches Adels-Lehen betrachten. In der Stadt, im Land ist es der gewisse Particularismus, der Altmünchen, Altbayern kennzeichnet, allenfalls mit ultramontanen Schattirungen. Auf die Wiederkäuerei der Satiren des Nachtwächters gegen München braucht kein Werth gelegt zu werden; künstliche Agitation, weiter Nichts. Unser Volk liest nicht viel. Hat es aber vor zehn Jahren die Sonette gelesen, was zweifelhaft ist, so hat es sie heute unzweifelhaft vergessen. Auf Sympathien von dieser Seite dürfen Sie freilich nicht rechnen; eher ist eine grollende Abneigung gerechtfertigt, vollständige Gleichgültigkeit im besten Falle gewiß. Für das Theater interessirt sich München überhaupt ungleich weniger als Wien, Berlin, Dresden. Dies Interesse zu wecken, im Theater Fuß zu fassen, sich einen Anhang unter dem Personal zu schaffen, Gäste und neue Mitglieder zu werben, Novitäten zu liefern, — das ist Ihre nächste Aufgabe. Greifen Sie da frisch an, muthig drein, ohne sich um Volksgunst, um goldene Meinungen am Hofe, um Stimmen in der Presse zu kümmern. Sie stehen allein, und auf einem sehr ausgesetzten Posten. Stellen Sie sich also fest auf Ihre eigenen Füße. Der Succurs wird nicht ausbleiben. Eine ganze Reihe von Gelehrten, Lehrern, Dichtern ist vom Auslande her im Anmarsch. Sie werden Ihre natürlichen Bundesgenossen werden. Bis dahin, — Hahnemann, geh' du voran! Wozu hat Ihnen Mutter Natur und Heinrich Heine Ihre langen Fortschrittsbeine gegeben? Kein Verkriechen, kein Rück= zug vor der Schlacht. Für heute weg mit dem schwarzen Frack und den schwarzen Gedanken. Ich begleite Sie in Ihr Hotel. Sie ziehen sich um. Wir machen einen Spaziergang über die Ludwigsstraße, unseren Corso. Wer uns von Bekannten begegnet, wird angerufen, ge= stellt, mitgeschleppt. Heute Abend, da das Theater geschlossen ist, habe ich Sie bei Kaulbach's angemeldet, damit Sie nicht einsamem Grillenfange nachhängen. Und morgen thun Sie genau das, was Sie als das allein Richtige erkannt haben. Keine Polizeiintervention, kein Belagerungszustand. Wenn Sie den König in's Theater abholen, melden Sie ihm kurz, klar, ernst, was Sie vom Grafen Reigersberg erfahren. Zeigen Sie keine Scheu, damit Sie die seinige nicht wecken. Was kann geschehen? Ich wette: Nichts. Demonstrationen und Tumulte im Theater sind hier nicht bräuchlich. Treten Sie ruhig in Ihre Dienstloge. Ich besuche Sie im Laufe der Vorstellung. Gleich von Anfang will ich nicht bei Ihnen gesehen werden. Vielleicht zög' ich den Blitz an, statt ihn abzuleiten!"

So mein unvergleichlicher, mein unvergeßlicher Dönniges. Er behielt Recht, wie immer   Nicht doch. Zuweilen irrte er, aber in der Regel nur, wo und wenn seine eigenen Interessen in's Spiel kamen. Für seine Freunde hat Niemand ein offeneres Auge, eine festere Hand, ein wärmeres Herz besessen, als Wilhelm Dönniges. Daß dies Herz so früh brechen mußte! Fern von der Heimath schläft er auf dem wunderbar schön gelegenen Friedhofe am Fuße der Pyramide des Cestius sein sturmbewegtes Erdenwallen aus, das kaum an das lang ersehnte Ziel gelangt war, die bayrische Gesandtschaft in Rom, als es für immer stillstand.

Sonntag, den 2. Februar: „Die Jüdin, große Oper" — und so weiter. Am frühen Morgen hatte ich mein tägliches Brod zum Kaffee bereits genossen: einen anonymen Brief, unterzeichnet „von einem Mitgliede, das es gut meint," des Inhalts, daß der Herr Hofschauspieler XYZ zu der Frau Hofschauspielerin XYZ bei Vorstellung des neuen Herrn Intendanten, weil derselbe gar so blaß und leidend ausgesehen, geäußert habe: „Nun, mit dem armseligen Hascherl werden wir bald fertig sein; das ist wieder so ein Siebenmonatskind unserer Intendanz." Zarte Anspielung auf einen früheren Vorstand der Hofbühne, der genau so lange im Amt gewesen war. Mittags suchte ich den Grafen Reigersberg auf, wiederholt dankend, und um wohlwollende Neutralität ersuchend. Wir schieden im besten Einvernehmen, welches immer zwischen uns aufrecht erhalten worden ist, auch nachdem der Graf aus dem Polizei-Präsidium in das Ministerium des Innern übergesiedelt war. In dieser Eigenschaft hat er mir noch Anno 57, bei meinem Sturz, Proben wahrer Theilnahme gegeben. Kurz vor halb sieben Uhr Abends, dem Beginn der Theater-Vorstellung, ließ ich mich in den Gemächern der neuen Residenz melden. Die damalige Dienstvorschrift war, daß, wenn die Majestäten das Theater besuchten, der Hatschier-Officier von Dienst, der Intendant, zwei Kammerportiere mit

Wachsfackeln vortraten. Der kleine Zug ging durch die langen, schmalen Corridore, welche die Residenz mit dem Theater verbinden, bei Galavorstellungen oder Besuchen fremder Herrschaften von Neugierigen zu beiden Seiten dicht besetzt. Ob eine der Prosceniums-Logen benützt werden sollte, deren zwei, im Erdgeschoß und im ersten Stock, für die Majestäten bestimmt waren, oder die große Mittel-Loge, ein weiter, ungemüthlicher Raum mit Spiegelwänden, Krystall-Lüstren und gespenstischen Lehnstühlen, darüber entschied der König beim Eintritt in das Theater.

Als König Max, die Königin Marie am Arme, aus den inneren Gemächern herauskam, — wahrlich, das Bild eines stattlichen Herrscherpaares, — näherte ich mich, bat um Gehör und trug vor, „kurz, klar, ernst", wie der Freund mir gerathen, daß ich durch den Polizeidirector vor einem mir zugedachten übeln Empfang seitens des Publicums gewarnt worden sei und es für meine Pflicht halte, die Majestäten zu präveniren. Ohne eine Miene zu verziehen, sei es nun zu mißfälligem Stirnrunzeln oder zu beschwichtigendem Lächeln, erwiderte der König: „Es wird ja wol so schlimm nicht werden," und winkte zum Aufbruch. Wir langten im Theater an, als eben der erste Aufzug der „Jüdin" zu Ende war. König und Königin nahmen in der Prosceniumsloge des ersten Ranges Platz. Mich

beschied eine gnädige Handbewegung des Königs aus
dem Vorzimmer, da ich mich zurückziehen wollte, in
die Loge hinein, dicht an die Brüstung. Ich fühlte
die Augen und die Gläser des gedrängt vollen Hauses
auf mir brennen, als ich zwischen beiden Majestäten
stehend, durch ein mit demonstrativer Leutseligkeit ge=
führtes Gespräch festgehalten wurde, so lang der
Zwischenact dauerte. Und er dauert lang, dieser
Zwischenact, in welchem die Stadt Constanz abgeräumt
und die Schabbeslampe in Eleazar's Wohnung ange=
zündet werden muß. König Max erkundigte sich nach
meinen ersten Amtshandlungen, ob ich die Sängerin,
welche die Recha als letzte Gastrolle gab, zu behalten
gedenke, was die erste Neuigkeit im Schauspiel sein
werde. Königin Marie (Angelo di Dio nannten sie
die Herren ihres Hofes, ihre engelhafte Schönheit und
ihre himmlische Herzensgüte gleich richtig bezeichnend)
fragte, wann ich Frau und Kinder nach München nach=
kommen lasse, ohne die ich mich in den neuen Ver=
hältnissen gewiß nicht heimisch fühlen könne. Erst als
der Vorhang vor dem zweiten Act aufging, wurde ich
entlassen und trat nun in die Intendanz=Loge ein, die,
unweit der königlichen, im ersten Rang mitten im
Publicum gelegen, obendrein nicht abgeschlossen, da das
Münchener Haus die abgesonderten Logen italienischen
Stils nicht kennt, sondern nur offene Galerien. Alles

still. Kein Laut, kein Lärm im Zuschauerraum störte das Gebet des alten Bundes auf der Bühne

Soll ich offen sein? Bis zur Albernheit offen? Offen der Oeffentlichkeit gegenüber? Wenn ich's nicht bin, haben meine Bekenntnisse überhaupt keinen Sinn. Mitten in einer großen Zeit kann ein kleines Einzelleben nur dann Anspruch auf irgend ein objectives Interesse erheben, wenn es sich mit voller Subjectivität hingibt. Nun denn:

Ich ärgerte mich beinahe, daß gar Nichts geschah, Nichts von dem Vielen, Gräßlichen, Grauenhaften, was ich erwartete, was mir mit Seherweisheit und Gewiß= heit prophezeit worden. Noch eine schlaflose Nacht nach zahlreichen früheren, eine Nacht, während deren ich die wildesten Phantasiebilder, eines abgeschmackter als das andere, heraufbeschworen, — wie ich das tobende Volk aus der Loge haranguire; wie ich hin= untereile auf die Bühne, den Vorhang fallen heiße, vortrete, rede, „blitze, donnere, München durcheinander mische"; wie ich die Vorstellung aufhebe, zum König stürme, meine Entlassung fordere. Eine solche Nacht, und darauf ein ganz gewöhnlicher Theaterabend: „Die Jüdin", große Oper in fünf Acten. „Härtinger her= aus!" Dingelstedt . „is nich'!" O vanitas vanitatum! Wie manches Sturzbades aus der rauhen Wirklichkeit bedarf es, bevor die fiebernde Poeteneitelkeit abgekühlt, bis auf das letzte Fünklein ausgelöscht worden ist!

Wer nicht, in den Augen der Welt, ein „großer" Mann wird, der weiß nicht, wie klein er in seinen eigenen Augen erscheint, und nur das unter Stürmen gereifte Alter erkennt, daß die gepriesene Jugend keineswegs einfach, natürlich, wahr ist, sondern recht von Herzen affectirt, eigenliebig, selbstsüchtig, recht aufgeblasen, „geschwollen", wie es der Wiener Volksmund treffend nennt.

Reichsfürst Leopold war noch nicht zum Tempel hinausgeworfen, der zweite Aufzug der Oper nicht zu Ende gespielt worden, als die glückwünschenden Besuche in der Intendanz-Loge begannen und einander, bis zum späten Schluß der Vorstellung, in ununterbrochener Procession die Thür in die Hand gaben. Als der Erste erschien, in seiner funkelnagelneuen Uniform als Oberst des Leibregimentes, mein Amtsvorgänger, im Buche des Schicksals schon als mein Amtsnachfolger verzeichnet, Baron Frays. Nach ihm mein Collega, Hofmusik-Intendant Graf Pocci, Dönniges mit Kaulbach, Maler Lange und sein Bruder, der Architekt, Graf Reigersberg, der zuvor schon aus seiner Parterreloge verständnißinnig heraufgegrüßt hatte, Graf Karl Tascher de Lapagerie, zu dem intimen Kreise Dönniges' gehörig, Gesandtschaftssecretär Marquis de Pienne, Ministerialrath Daxenberger, eine interessante Badebekanntschaft aus Kreuth.. Und so fort, con è senza grazia, bis nach zehn Uhr. Es war fast elf Uhr Nachts,

als ich, von beiden Majestäten gnädig verabschiedet, zu
einem stillen Thee bei Dönniges eintraf. Wiederum
ein offenes Geständniß meiner Schwäche: ich erschreckte
die Freunde durch einen unbezwinglichen Anfall von
hysterischem Weinkrampf, der mich schüttelte und nieder=
warf wie ein Orkan. Die Natur forderte ihr Recht.
Wochenlang bis zum Unerträglichen angespannt, aus
einem Extreme in das andere überspringend, gegen
steten Drang und Zwang von außen ankämpfend, gab
endlich einmal die auf harte Proben gestellte Seelen=
stimmung nach. Ich flennte wie ein Kind, und wie
einem solchen trocknete Franziska mir einen Wolken=
bruch von Thränen ab. Ihr Mann lachte mich nicht
aus, wider Vermuthen, wider Verdienst. Er ließ mich
gewähren, verschwand aus dem Zimmer und braute in
der Küche sein Universalmittel gegen alle Leiden: die
Bowle, einen wunderkräftigen Zaubertrank, der auf
mich wohlthätig als Schlaftrunk wirkte. Der Theater=
diener, der am nächsten Morgen mich mit der Nach=
richt einer Repertoire=Störung spät und schonend zu
wecken versuchte, hatte einige Mühe, bevor er mir be=
greiflich gemacht, daß Shakespeare's Roméo und Bellini's
Roméo zwei verschiedene Personen sind.

Aber noch am selbigen Tage spannte ich mich
rüstig und entschlossen an den Thespiskarren an. Da
Eingriffe in das bereits festgestellte Repertoire der

nächsten Tage nur verwirrend und hemmend gewirkt haben würden, legte ich zuerst an die Verwaltung Hand an. Mein Tabellenschatz wurde ausgepackt, das Beamtenpersonal auf Cassen= und Oekonomieübersichten, auf Tagesrapporte und Wochenabschlüsse, auf Beschäf= tigungs=, Krankheits=, Urlaubsjournale, auf Regiebücher und Novitätenlisten gedrillt. Man stutzte. Unter einem Schriftsteller hatten sich die übrigens wohlgesinnten und dienstbereiten Herren einen vor allen Dingen un= praktischen Büchermenschen vorgestellt, dem man im= poniren, den man zuerst irre machen, dann an die Wand drücken, zu guter Letzt hinausmanövriren könnte. In vierzehn Tagen schienen sie anderen Sinnes geworden, und nach vier Wochen war eine vollständig neue Or= ganisation mit festen Geschäftsformen und Normen ein= und durchgeführt. Dann erst ging es an die künstlerische Arbeit. Ererbte Schulden mußten abge= tragen, angenommene Neuigkeiten erledigt werden; darunter manches kurzlebiges Stücklein: die Oper „Großfürstin", ein verlorenes Lustspiel „Alle speculiren", die schon erwähnte Faschingsposse. Auf eigenem Grund und Boden baute ich erst mit Hackländer's „Geheimem Agenten" den ich von Stuttgart mitgebracht hatte, und mit der „Judith" von Hebbel. In der Oper half, bei gänzlichem Mangel an neuem Material, eine durchgreifende Reform classischer Werke, Iphigenia's,

Fidelio's, momentan aus. Das Ballet endlich, eine in München beliebte, aber lange brach gelegene Kunst= gattung, brachte Lucile Grahn auf die Beine, mein erster, ebenfalls in Stuttgart schon geworbener Gast, deren eminentem Talent als Tänzerin und als Ballet= meisterin ich die entscheidenden Erfolge meiner jungen Intendanz, sowol in der Casse wie in der Kunst, dankte. Darüber ging der Winter hin, kam das Früh= jahr heran mit immer wachsenden Resultaten. Aber ganz fest im Sattel fühlte ich mich, und die Zügel sicher in eigener Hand erst dann, als ich, nach einem heißen Sommer, ohne jeden Urlaub wie ohne Theater= ferien, am 28. November zur Feier des Geburtstags von König Max die „Antigone" auf die Bühne ge= bracht hatte. Mit ihr war die Universität, die Aka= demie, die Jugend gewonnen. Der Herbst brachte denn auch, nicht nach drei= bis fünfjährigem Provisorium, wie bei meiner Berufung vorausgesehen worden, sondern nach einer neunmonatlichen Probezeit, meine definitive Ernennung zum Intendanten mit der bescheidenen Ge= haltszulage von fünfhundert Gulden jährlich. Und als ich zu Neujahr 1852 in dem Rechenschaftsbericht an S. M. den König ziffernmäßig ausweisen konnte, daß in dem ersten Jahre meiner Verwaltung die Einnahmen um volle sechstausend Gulden im Vergleich gegen das Vorjahr zugenommen hatten, dreitausend im

Abonnement, dreitausend in der Tagescasse, da belohnte meine Mühen das folgende Allerhöchste Signat:

„An die K. Hoftheater-Intendanz. Aus dem Mir vorgelegten Rechenschafts-Berichte habe ich mit Vergnügen ersehen, daß Mein Hoftheater nicht allein allen Anforderungen in artistischer Beziehung immer mehr zu entsprechen strebt, sondern daß auch die Hauswirthschaft desselben mit Sorgfalt und Umsicht geleitet wird. Indem Ich hierfür Meine Anerkennung ausspreche, bemerke Ich jedoch zugleich, daß Ich ungeachtet des lebhaften Antheils, welchen Ich an diesem, für Gesittung und Bildung so wichtigen Institute nehme, doch durch die Verhältnisse außer Stand gesetzt bin, mehr für dasselbe aufzuwenden als bisher, und es deshalb lediglich meiner Intendanz überlassen muß, durch bemessene Beschränkung der Ausgaben und kluge Förderung des Besuches die Mittel herbeizuschaffen, welche zur weiteren Hebung erforderlich sein dürften. München, den 24. Januar 1852. Max.“

Also ward nach neunmonatlicher wehenvoller Werdezeit das Schmerzenskind, Intendanz geheißen, geboren. Die Kinderkrankheiten sollten nicht ausbleiben. Bis es Zähne kriegte, reden und laufen lernte, traten noch gar manche Krämpfe und Kämpfe ein, zu welchen erfahrene Aerzte die Köpfe bedeutsam schüttelten. Sie sahen ein, daß dem armen Würmlein ein langes Leben nicht beschieden war.

II.

Dodekameron.

Ort der Handlung: Natürlich abermals
München, und zwar das äußerste Ende der Arcisstraße.
Dort hatte Liebig sein Zelt aufgeschlagen; ein statt=
liches Laboratorium, worin der Meister seine Scheide=
kunst betrieb, und einen behaglichen häuslichen Herd,
an welchem er vereinigte — alle Mitglieder der Frem=
dencolonie und viele der Eingeborenen. Sein Name
war ein Zeichen, das über den Parteien stand, vor
welchem Jeder sich beugen mußte, wohl oder übel, in
dem sich, wenn auch nur vorübergehend, Gegensätze zu=
sammenfinden, Vorurtheile schwinden, Mißklänge auf=
lösen konnten.

Zeit der Handlung: Eine kalte Decembernacht
des Jahres 1853. „Snow, snow, nothing but snow";
um in dem heutzutage in der Literatur so beliebten,
anmuthig oder auch lümmelhaft nachlässigen Yankee=
Doodle=Ton zu reden. Ein Münchener Schnee, der
demjenigen des „fernen Westens" Nichts nachgibt; knir=
schend unter den Füßen später Wandersleute, glimmernd
im Schleier des Vollmonds, der sich auch in den tau=

send kleinen Scheiben des kaum fertig gewordenen Glas=
palastes, dem Hause Liebig's gerade gegenüber gelegen,
wie in ebensovielen Splittern irrlichtelirend brach.
Derselbe Glaspalast, den die Industrie=Ausstellung dem=
nächst beziehen sollte, bis zum Brechen anfüllen, be=
leben durch eine Völker=Orgie; das achte Weltwunder;
ein Kreuz vornehmer Architekten, an dem Leo Klenze,
der Hofbau=Intendant, Schöpfer der Glyptothek, des
Königsbaues, der Walhalla, niemals vorüberging, ohne
auszuspucken. „Denn," geiferte er, „daß Einer aus
Thon, oder aus Holz, oder aus Pappendeckel, meinet=
halben auch aus Dr— baut, wenn er keine Steine hat,
das begreif' ich; aber aus Glas und Eisen, die beiden
einzigen Stoffe in der Welt, denen die Baukunst weder
Form noch Farbe zu leihen vermag, — mit ihnen
hantirt ein reputirlicher Meister nicht. Das ist
Pfuscherei."

Personen der Handlung:

Ein langer Mann	ICH.
Ein dicker Mann	Karl Pfenfer.
Ein großer Mann	Liebig.

Ja, wahrlich: Ein großer Mann! Der Letzte aus
der heiligen Schar, in der hehren Reihe, welche vom
Ende des vorigen Jahrhunderts bis zur Mitte des
jetzigen die europäische Hegemonie dem deutschen Geiste
erobert haben, Dichter, Denker, Geschichtschreiber, Sprach=

und Naturforscher; siegreiche Nachfolger Ludwig's
des Vierzehnten, Voltaire's, Rousseau's, die ihrerseits
von den Engländern dermalen abgelöst worden sind,
von — Darwin zum Exempel.   Es gibt Schwärmer,
denen Humboldt lieber ist und bleibt.

Der große Mann, Liebig nämlich, hatte eine kleine
Schwäche. Er spielte leidenschaftlich gern Whist. Seine
Partie war ihm allabendliches Bedürfniß; zu Vieren,
zu Dreien, zuweilen, wenn sich denn schlechterdings
nur ein einziger Partner hatte auftreiben lassen, auch
ein Whist-en-deux. Gab es hingegen zwei Spieltische,
so kannte sein Vergnügen keine Grenze. Sein schönes,
mildes Auge verklärte sich schier, wenn er Karten mischte,
ziehen ließ, gab, seine Gäste unterbrachte und eintheilte,
Rechnung führte, so sorgfältig, als ob Tausende auf
dem Spiel stünden. Und unser Point galt drei Kreuzer
rheinisch. Liebig cultivirte sein Whist mit einem Ernst
und einem Eifer, als ob es ein Geschäft gewesen, eine
Arbeit. Er nannt' es scherzhaft: „Dreschen" — „Jetzt
wird noch einer gedroschen"; oder: „Jetzt dreschen wir
noch ein Stündchen"; das waren Lieblingsredensarten.

Als guter Hausvater ließ er dem Ochsen, der da
drosch, das Maul nicht verbinden. Zwischen einer
erklecklichen Anzahl von Rubbern wurde eine wohl=
thälige Pause gemacht, aus dem Rauchzimmer in das
Familienzimmer hinaufgestiegen und ein vortreffliches

Nachtmahl eingenommen, bei welchem Frau und Töchter den Vorsitz führten. Selten fehlte es an irgend einem ausgesuchten Leckerbissen, einer neuentdeckten Speise, einem nie dagewesenen Wein. Strömten doch aus allen Weltgegenden Raritäten jeder Art in der Retorte des Meisters zusammen, um geprüft, beurtheilt, empfohlen zu werden. An jenem Abend war's ein australischer Wein, eingesandt aus der, auf Liebig's Namen getauften County, welcher Fremdling Pfeufer und mir zum Kosten vorgesetzt wurde. Karl von Pfeufer, einer der Auserwählten unter den Berufenen, gleich berühmt als ausübender Arzt wie als Universitätslehrer, der sich während der, bereits über unseren ahnungslosen Häuptern schwebenden Cholera-Epidemie des Jahres 1854 die Bürgerkrone von München und von König Max den Adelsbrief erwarb, — Pfeufer galt, nächst Liebig, für die feinste Zunge in unserem Kreise, der an Weinkennern und Küchenrichtern nicht arm war und längst hinaus über den glücklichen Urzustand des Geschmacks, da Alles, was knallt, Champagner heißt, Alles, was glimmt, Habana. Beide, Liebig und Pfeufer, standen als geborene Süddeutsche für den Rheinwein ein, wogegen Dönniges, Sybel und ich zum Bordeaux, l'ami de l'homme, hielten. Den Rothwein perhorrescirte Liebig als ein „Decoctum", „mit welchem," sagte er triumphirend, „ein Studentencommers undenk-

bar sei." Unser deutschester Meistersinger, Emanuel
Geibel, trank niemals etwas Anderes, als den französi=
schesten aller Weine, Champagner. Als Specialität in
Bowlen glänzte Bischoff, der treffliche Anatom und
Physiologe. Eine Waldmeister= oder Erdbeer=Bowle,
von ihm gebraut, auf der Menterschweig, so zu sagen:
an der Quelle genossen, ringsum der heitere Kranz
unserer Frauen, Töchter, Kinder, bis auf die Kleinsten
hinab, die sich im Grase balgten, zu unseren Füßen
die rasch und hell dahinschießende Isar, über uns der
grüne Wald und der tiefblaue Sommerhimmel, der
sich über der Münchener Hochebene höher und fester
als irgendwo in den deutschen Landen zu wölben scheint,
zum Schluß ein Gesangsstück meiner Frau mit ihren un=
vergleichlichen Lerchentrillern und Nachtigallencadenzen,
oder ein Improvisationswettstreit zwischen Geibel,
Bodenstedt und mir,   o, über solchen Stun=
den liegt ein Schimmer höchsten Glückes, der Duft
inniger Herzenszufriedenheit, den nicht blos der ver=
klärende Zauber der Erinnerung hinterdrein darüber
breitet, sondern der im vollen Sonnenschein der Wahr=
heit, der Wirklichkeit von uns Allen und von jedem
Einzelnen erkannt und genossen wurde. Wie viel wir
unser auch waren, wie verschieden an Begabung, Rich=
tung und Stellung, an Werth und Wesen: wir fühlten
uns familienhaft verbunden, fester als durch eine zu=

fällige Geselligkeit, durch die Gemeinsamkeit unserer Arbeit, die Solidarität unserer Interessen, persönlicher wie sachlicher. Der Reiz der uns gestellten Aufgabe wurde nur erhöht durch deren Schwierigkeit und die von ihrer Lösung untrennbaren Kämpfe; vielleicht sogar durch eine unbestimmte Ahnung, die in uns pochte, als ob unserem Beisammensein keine lange Dauer, diesen Kämpfen kein voller Sieg beschieden sei.

Aber warum dem Gang der Ereignisse vorgreifen? — Zurück zu dem Decemberabend, zu Liebig's Tafelrunde! Der Australier brachte das Gespräch auf die Industrieausstellung, für die er bestimmt war, die erste allgemeindeutsche, von deren Eröffnung uns nur noch ein Zeitraum von sechs Monaten trennte. Liebig, zum Mitglied verschiedener Commissionen erwählt, erzählte von allerhand Vorbereitungen, von bereits eingetroffenen oder angekündigten Einsendungen, von den Besuchen fremder Souveräne und von den Zurüstungen zum Empfang der Gäste, die bei Hof und in der Stadt geplant wurden. Die Maler, hieß es, werden ebenfalls eine Bilderausstellung von ganz Deutschland veranstalten, damit die Kunst mit der Industrie wetteifere. Da lag denn die Frage nahe: „Was wird das Theater thun?" Sie fiel, diese Frage, und fiel mir heiß auf's Herz. Ich hatte bis dahin allerdings nicht daran gedacht, daß das Theater etwas Besonderes thun müsse, thun könne. Freilich war auf meinen Betrieb, und zwar mit ausdrücklicher Hinweisung auf die bevorstehenden Festtage, der Zuschauerraum durchaus neu hergerichtet und die Gasbeleuchtung eingeführt worden, — spät genug, im Spätjahre 1853! Ministerpräsident von der Pfordten hatte für diesen Zweck einen ansehnlichen Beitrag aus Staatsmitteln, dem elastischen Reichsreservefonds, hergegeben. Zu Anfang Novembers mußte das Haus geschlossen werden. Es fanden auf einer kleinen, im Saale des Odeon hastig aufgeschlagenen Bühne einstweilen Interimsvorstellungen im Lust- und Singspiel statt. Weihnachten stand die Wiedereröffnung des gründlich und prachtvoll restaurirten Hauses bevor. Sie wurde auch Freitag, den 23. December, mit Goethe's Faust glücklich vollzogen, nachdem ich in der Kanzlei drei Nächte lang bivouakirt, die letzten Arbeiter in fieberhafter Ungeduld selbst angetrieben und den, erst zwei Stunden vor der Vorstellung fertig gewordenen und probirten neuen Kronleuchter mit dem Siegesgeschrei begrüßt hatte: „Und es ward Licht!" So viel hatte man von Oben herab für das Theater gethan; wie gedachten wir die Ehrenschuld zu zahlen, wie mit dem Glaspalast und der neuen Pinakothek zu concurriren?

Eine Ausstellung einheimischer Erzeugnisse? Ei, ja doch; auf dem Repertoire befanden sich achtbare

Dichtungen von Schmid, von May, von Feldmann, von Melchior Meyr, — zugkräftige Volksstücke von Martin Schleich, — Gebirgsspecialitäten von Kobell, von Ignaz Lachner, von dem stammverwandten Alexander Baumann. Aber zu außerordentlichen Schaustellungen eigneten sich diese Werke sammt und sonders nicht. Es war Hausmanns- und Alltagskost; nichts für die Fremden, die verwöhnten Pariser, die naseweisen Berliner. In glänzender Ausstattung eine Galerie großer Opern, für welche die Dimensionen der Bühne und des Zuschauerraumes freilich den entsprechendsten Rahmen boten? Auch nicht das Rechte; und dann: daneben stand mein Schoßkind, das Schauspiel, im Schatten. Ein Panorama der dramatischen Weltliteratur: Sophocles, Terentius, Calderon, Corneille, Molière, Shakespeare, Lessing, Goethe, Schiller? Solch' ein lehrreicher Cursus eignet sich eher für ruhige Zeitläufte als für eine Reihe lärmender Feiertage. Berühmte Opernsänger aus Paris, London, Petersburg? Ihre Honorare würden die fetten Einnahmen aufgezehrt haben, in deren sicherer Erwartung unsere Cassirer sich bereits die Hände rieben.

In allerlei unklaren Plänen dieser und anderer Art tappte ich umher, und im tiefen Schnee dazu. Wir waren nämlich, Pfeufer und ich, um Mitternacht von Liebig aufgebrochen und begleiteten einander wieder-

holt nach Hause, von der Arcisstraße in die Brienner=
straße, von der Briennerstraße auf den Carolinenplatz.
Dort leuchtete mir endlich, als käm' er von dem mond=
beglänzten Obelisken, ein Rettungsstrahl, ein Heureka
auf. „Statt Eines Schauspielgastes," rief ich dem
Freunde zu, „lasse ich ein paar, ein halbes Dutzend,
ein Viertel Schock kommen." -- Von denen keiner der
letzte, jeder der erste wird sein wollen. — „Ich stelle
sie insgesammt auf eine und dieselbe Linie. Nur Künstler
ersten Ranges lade ich ein, aber in einer, alle großen
Theater umfassenden Auswahl, und nur in classischen
Stücken führe ich sie vor." — Das werden Ihnen die
Mitglieder der hiesigen Hofbühne schlecht Dank wissen,
wenn sie, gerade in so außerordentlicher Zeit, hinter
Fremden zurückstehen sollen. — „Sie betheiligen sich,
je nach Vermögen, an der allgemeinen Aufgabe. Sechs,
acht, zehn unserer Leute dürfen sich neben jedem Künstler
von draußen sehen lassen. Ich mische sie durcheinander,
schaffe mir ein Personal von lauter ersten Kräften und
mache vorübergehend die Münchener Bühne zur deutschen
Centralbühne. Lauter große Stücke, deutschen Ursprungs,
gespielt von lauter großen deutschen Künstlern bis in
die kleinste Rolle hinein." -- Interessant in hohem
Grade; ob aber möglich? Sie haben Mühe genug, Ihre
eigene Truppe zusammenzuhalten, sie einheitlich zu
führen; wie wird es Ihnen mit Fremden gelingen? —

„Ich rechne auf zweierlei: den Ehrgeiz der Schauspieler, ihren Gemeingeist. Wenn es heißt: Nur die Ersten thun mit, so will Jeder dabei sein, und ich fürchte nicht, daß ich zu wenig Gäste finde, sondern zu viele. Und das Einheitsbedürfniß, welches jetzt die ganze Welt bewegt, glauben Sie, der Schauspieler allein empfinde es nicht? Auf das Stichwort: Deutsche Central= oder Universalbühne, fallen sie Alle ein; die Besten gewiß.“ — Aber an die Kosten denken Sie nicht, obgleich Sie wissen, daß die Rechenkunst die oberste ist, die man bei uns zu Lande von Ihnen fordert. — „Freund, die Unter=nehmung muß Geld bringen, nicht Geld kosten. Das Schauspiel ist minder theuer, als die Oper; sowol in Gast= und Spielhonoraren wie in den Tagesauslagen. Eine mäßige Erhöhung der Preise und die Aufhebung des Abonnements werden durch die Gelegenheit sich rechtfertigen lassen, um so mehr, als sie zunächst die Fremden, nicht das einheimische Publicum treffen. Die Gäste, welche im Hochsommer zu einträglichen Kunstreisen wenig Gelegenheit haben, begehren deswegen auch wol we=niger, als sie zu empfangen gewohnt sind. Diese Uneigen=nützigkeit steht ihnen vor der Oeffentlichkeit schön an. Endlich faßt das große Haus eine Menge Zuschauer und ermöglicht dadurch vergleichsweise ansehnliche Einnahmen. Selbst mit unseren bescheidenen Eintrittspreisen zähle ich auf ein Minimum von zwölfhundert, ein Maximum von zweitausend Gulden für den Abend. Die Hälfte davon opfere ich den Kosten. Bleibt immer ein hübscher Rest für die eigene Casse." — Wie genau Sie schon in alle Einzelnheiten Ihres Feldzugsplanes eingehen! Ich wette darauf, Sie entwerfen noch in dieser Nacht das Programm Ihrer Action. Mein Rath ist, der Rath des Arztes und des Freundes: Beschlafen Sie sich die Sache. — „Das heißt: Sie glauben nicht an deren Ausführbarkeit?" — Ich möchte Sie nicht irre machen durch meine Zweifel. Und wenn ich mir den Faust, den Egmont, oder Cabale und Liebe denke, dargestellt von den ersten Schauspielern des Burgtheaters, Berlins, Dresdens, Münchens, — scenirt von Ihnen, auf unserer Prachtbühne, — vor einem, sozusagen europäischen Publicum, — so geht, fürwahr, auch mir das Herz auf. Es wäre das eine deutsche Kunst- und deutsche Künstlerausstellung, welche mit der ersten deutschen Industrieausstellung wetteifern dürfte, ein olympisches Spiel, ganz geeignet, Epoche in der Theatergeschichte zu machen. Wie gesagt, — beschlafen Sie's!

Von Schlaf war in der ohnehin „angebrochenen" Nacht nicht viel die Rede. Ich vergönnte mir, einen seltenen Luxus im strengen Theaterdienste, meinen Schlafrock, eine Schale Schwarzen, nach Wiener Recept gesotten, von meinen stärksten Upmanns die allerstärkste, zur Studirlampe zwei Extrakerzen. „Mehr Licht“. Je heller es um mich ist, desto heller wird es in mir. Dann stürzte ich kopfüber mich in den Theateralmanach, der Anno 53 sich noch Heinrich schrieb. Von den vier= tausend Künstlernamen, welche er enthielt, waren vierzig im Fluge ausgehoben und verzeichnet. Ein Procent. Leichter noch ging's mit den Stücken, da nur an Clas= sisches gedacht werden konnte: Lessing, Goethe, Schiller, eventuell einige Shakespeare oder Altfranzosen. Nach dem scholastischen Hexameter verfahrend

Quis? Quid? Ubi? Quibus auxiliis? Cur? Quomodo? Quando?

gerieth ich erst bei den auxiliis in einiges Stocken. Ein gleicher Honorarsatz für alle Gäste, einhundert Gulden per Rolle,   sechs Rollen garantirt,   so und so viel hundert Tageskosten,   Eintrittspreise, mögliche Gesammteinnahme   Hier glitt der sanfte Heinrich aus meiner Hand vom Sopha nieder und weckte mich durch seinen Fall. Gute Nacht.

Zu Weihnachten stand mein Kartenhaus, das deutsche Nationaltheater fix und fertig da; Könige, Buben, Damen künstlich an einander gestellt; eine schwindelnde Höhe, ein schwankender Grund. Der Neujahrstag pflegte bei Hof doppelt gefeiert zu werden, durch eine Defilircour am Morgen, ein Hofconcert am Abend. Für erstere Festlichkeit, bei welcher Königin Maria den Handkuß, König Max eine ehrerbietige Verneigung ent=

gegennahm, wußten die Hofzimmerwichser das ohnehin
spiegelglatte Parquet in eine Eislaufbahn zu verwandeln,
damit die um die Majestäten gruppirten Hofstaaten
ihr stilles Vergnügen daran hatten, wenn die in den
ungewohnten Uniformen genirten Staatsdiener oder
Landwehrofficiere in's Gleiten geriethen. Als Abends
im Hofconcert König Max bei seinem Umgang durch
die überfüllten Säle mich mit der Frage ansprach, was
ich im neuen Jahre zu bringen beabsichtige, antwortete
ich à bout portant: „Ein Gesammtgastspiel der deutschen
Bühnenkünstler auf Euer Majestät Hoftheater, zur
Zeit der Industrieausstellung." Der König war über=
rascht, aber augenscheinlich angenehm überrascht. Er
winkte mich in eine Nische und ließ sich, natürlich nur
in allgemeinen Zügen, meinen Plan darlegen. Derselbe
interessirte ihn in ungewöhnlichem Grade. Sein Ge=
spräch mit mir wurde so lebhaft, zog sich dergestalt in
die Länge, daß einzelne Gesichter in der Umgebung sich
ebenfalls in die Länge zogen. Schon für den nächsten
Morgen konnte ich Seiner Majestät meinen fertigen
amtlichen Bericht nebst Kostenanschlag ankündigen. Der
König entließ mich, äußerst gnädig, die Hand auf
meine Schulter legend, mit den Worten: „Viel Glück
also zum neuen Jahr, zu Ihrem neuen Plane. Meine
Theilnahme, Meine Unterstützung ist Ihnen gewiß."
Wenige Tage später hatte ich diese königliche Zusicherung,

die Genehmigung meines Antrags in den anerkennend=
sten Ausdrücken, schriftlich in den Händen. Nun an's
Werk.

Sonntag, den 29. Januar 1854, flog, als Manu=
script gedruckt, die erste Um= und Anfrage, — ausdrück=
lich als vertrauliche bezeichnet und noch keinerlei Detail
enthaltend, — an dreißig Adressen in die weite Welt
hinaus. Die ursprünglichen vierzig Namen waren auf
dreißig zusammengeschmolzen. Binnen vier Wochen
langten neununbzwanzig Antworten ein, ohne Aus=
nahme zustimmend, jedoch nur ebenfalls allgemein ge=
halten. Eine einzige Stimme, die der Frau Crelinger
in Berlin ließ gar keinen Widerhall von sich hören,
weder ein Nein, noch ein Ja. Dafür erklang von vielen
Seiten ein nicht blos zusagender, sondern ein begeisterter,
thatenlustiger, opferbereiter Zuruf, der meine Meinung
von dem guten Willen wahrhaft bedeutender und her=
vorragender Schauspieler glänzend rechtfertigte. Am
4. März folgte ein neues Rundschreiben mit meinem
Dank und dem Grundriß des Repertoires. Daraus
entspann sich denn im Verlauf des ganzen Monats
März eine Correspondenz, in deren Maschen ich mich
mit jedem Schritt vorwärts tiefer verstrickte, bis zu
völliger Einlappung. Der Berg, welcher von Weitem
so lockend blau und luftig anzuschauen gewesen, zeigte,
je näher man ihm trat, desto deutlicher seine schroffen

Zinken, seine versteckten Abgründe. Es regnete von allen Seiten Wünsche, Ansprüche, Vorschläge; auch leise Bedenken tröpfelten schon, sogar ein und der andere Abfall. Da hatte ich zum Beispiel drei Carlosse, drei Posa's, drei Philippe, aber nicht einen Herzog Alba; zu vier Luisen keine alte Millerin. Mein Kopf begann zu brennen. Pfeufer schüttelte den seinigen, — mit dem schwarzen, kurz à la brosse geschnittenen Haar, einen der mächtigsten, ausdrucksvollsten Männerköpfe, die ich jemals gesehen, — und fühlte mir häufig den Puls. Dönniges lachte und rieth mir, den Fürsten Metternich zum Mitarbeiter anzunehmen. Der einzige Liebig blieb fest. Er hat es angefangen, sagte Liebig, und er muß es vollenden. Er kann's auch. Laßt ihn gehen.

So ging ich, und zwar auf Reisen, um mündlich in Ordnung zu bringen, was durch Hin- und Her=schreiben sich chaotisch zu verwirren drohte. Ostern fiel spät, auf den 16. April. Kurz vor der Charwoche packte ich meinen Koffer; oben auf, statt Bädeker's, den sanften Heinrich und die Schreibmappe, strotzend von Notizen, Adressen, Briefen, Vertragsformularen, Repertoiretafeln, Soufflirbüchern. Diese Werberfahrt durch ganz Deutschland, im Fußsack und Schuppen=pelz, gehört zu den Herkulesarbeiten meines Lebens, deren dasselbe mehr als ein Dutzend aufweist. In meinem Tagebuche finde ich, unter Wien, Sonnabend, 15. April, aufgezeichnet: „Heute habe ich 42 Stiegen erstiegen." Dahinter drei Ausrufungszeichen, deren energische Striche den ganzen Ingrimm meines Stoß= seufzers versinnlichen. „Im vierten Stock", oder, listig maskirt: „im dritten Stock ober dem Mezzanin," so lautete in damaliger Zeit die regelmäßige Hausmeister= antwort des Besuchers nach der Wohnung des Ge= suchten. Alles, was sich zu den Notabeln zählte, saß noch, dicht zusammengedrängt, vertical über einander, — nicht horizontal neben einander, — im engen Umkreis der inneren Stadt, welcher die Erweiterungsstunde viel später schlagen sollte.

Das erste Ziel meiner Reise hieß Köln. Dort gastirte Emil Devrient, den ich mir als Oberregisseur, als Geburtshelfer in schweren Wehen, zu erkiesen ge= ruht. Er war eben nicht mein Ideal eines Schau= spielers, aber wol die am meisten idealistisch angelegte Künstlernatur in meiner näheren Theaterbekanntschaft. An dem gastlichen Hofe Herzog Ernst's von Coburg, unter der Palme seines Speisesaales, hatten wir uns befreundet. Als ich im Hotel Disch auf Devrient fahndete, schnob der Portier mir zu: „Vor einer Stunde abgereist." — (Mit stillem Fluch:) Wohin? — „Nach Aachen, Hotel Nüllens." — Am andern Tag erwischte ich den Ausreißer, und in drei langen, langen Morgen=

ſitzungen vereinbarten wir zuerſt die allgemeine Baſis des Unternehmens, dann alle Einzelnheiten: Repertoire, Beſetzung, Proben, Aufführungen, Ankündigungen, Einladungen, kurz, die Löſung aller ſieben Fragen des Hexameters. Emil Devrient gab einen koſtbaren Rathgeber für mich ab; er trug von ſeinen Gaſtſpielen her, die ganze Claviatur des deutſchen Theaters im Kopfe, war durch und durch praktiſch erfahren, weltklug und zugleich Idealiſt genug, um bei dem erſten Funken meines Gedankens lichterloh aufzugehen, während ſein Bruder Eduard, den ich gleichfalls conſultirt hatte, mir denſelben als ein „Literatenproject" auszureden verſuchte. Mit ſeiner Hand beſchnitt Emil Devrient vor allen Dingen die wuchernden Auswüchſe des urſprünglichen Planes. Wenn ich ſelbſt ſchon von vierzig Gäſten auf dreißig Gäſte herabgegangen war, halbirte er dieſe Zahl noch, fügte dagegen ein paar grandes utilités als Einſpringer und Nothhelfer hinzu. Auch dem Repertoire ſetzte er engere Schranken: nur einheimiſche Claſſiker, nichts Fremdes, wie kläglich ich auch um meinen Shakeſpeare jammerte. Als Grundgeſetz für das Unternehmen ſtellte er auf: allgemeine Gleichheit, vollſte Gegenſeitigkeit, und unbedingte Unterordnung aller Einzelintereſſen unter das Ganze. Für zwei erſte Rollen, auf die jeder Theilnehmer ein Recht beſitzen ſollte, übernahm er die Pflicht zu zwei zweiten Rollen.

Als Honorar wurde, wie auch ich beabsichtigt, für alle
Gäste und für jede Rolle der Betrag von hundert
Gulden bestimmt. Spätestens drei Tage vor der Eröffnung des Cyclus mußten sämmtliche Mitwirkende
in München eingetroffen sein und mindestens vierzehn
Tage zur Verfügung bleiben. Die Regieführung ging
durch Urwahl aus dem Kreise der Fremden für jedes
einzelne Stück hervor und daneben ward der Münchener Regisseur Hölken zum Regisseur der Scene bestellt. Die Redaction des Textes der Stücke und
die Besetzung behielt sich die Münchener Intendanz
vor, so daß nach den von ihr in Umlauf gebrachten
Soufflirbüchern die Gäste ihre Rollen einrichteten.
Die nöthigen Costüme brachte Jeder mit; weswegen
bis längstens 15. Juni die Anberaumung der einzelnen Vorstellungen und die Austheilung der Rollen
vollendet und allen Gästen mitgetheilt sein mußten.
Etwaige Streitigkeiten künstlerischer Art entschied
das Plenum der Gesellschaft. Bis in alle diese
und noch andere Einzelnheiten erstreckte sich die Be-
rathung zwischen Devrient und mir, und in allen
wurde die erfreulichste Uebereinstimmung erzielt. Nur
in einem einzigen Punkt gingen unsere Ansichten
auseinander: der Anfang des Cyclus. Devrient rieth
den ersten Sturmandrang der Industrie-Ausstellung
vorübergehen zu lassen, und dann erst zu be-

ginnen, während ich im Gegentheil das National=
Theater vor dem Glaspalast eröffnet sehen wollte.
Der Monat Juli, so argumentirte er, ist erfahrungs=
mäßig für das Theater der schlechteste im Jahre;
fangen wir also so spät wie möglich im Juli an,
und spielen uns in den günstigeren August hinein.
Ich widerstrebte hartnäckig; warum, weiß ich wahr=
haftig nicht mehr, hab' es vielleicht ebenso wenig
gewußt, da ich's that. Wenn es eine Vorsehung im
Theater gibt, — Fidelio versichert es, mit schwärme=
rischem Augen=Aufschlag in die Kerker=Soffiten, —
so war mein Eigensinn providentiell. Hätten wir
erst nach der Industrie=Ausstellung, erst gegen Ende
Juli's angefangen, so würden wir auch sofort auf=
gehört haben; denn Ende Juli's trat ein größerer
Gast, die Cholera, in München auf – ! — Endlich
einigten wir uns, in der ersten Hälfte Juli's ein=
ander begegnend. Als ich am letzten Berathungs=
Morgen den Zettel der Eröffnungs=Vorstellung fix
und fertig auf den Tisch des Hauses niederlegte, —
man hatte ihn mir Abends zuvor in der Druckerei
der Aachener Zeitung aus Gefälligkeit gesetzt und
abgezogen, — fielen wir zwei uns freudestrahlend
um den Hals. Da stand es, schwarz auf weiß, in
fettesten Lettern, nur mit vornehmer lateinischer Schrift,
auf großem Placat=Format:

Erste Gesammt-Gastspiel-Vorstellung.
Die
BRAUT VON MESSINA.
Trauerspiel in vier Aufzügen
von Schiller.

Personen:

Donna Isabella, Fürstin von Messina	Frau Rettich aus Wien.
Don Manuel	Herr Emil Devrient aus Dresden.
Don Cesar	Herr Hendrichs aus Berlin.
Beatrice	Frl. Damböck aus München.
Diego	Herr Kaiser aus Hannover.
Chorführer Don Manuels	Herr Anschütz aus Wien.
Chorführer Don Cesars	Herr Schneider aus Carlsruhe.

Boten. Chor. Aelteste von Messina.

Mit dem Hochgefühl eines glücklichen Ehepaares, welches theilnehmenden Verwandten und Freunden die Geburt eines gesunden kräftigen Jungen auf Rosapapier, mit Englein umrahmt, anzeigt, betrachteten wir das noch feuchte Blatt. „Gesammtgastspiel!" Devrient konnte des Lobes nicht satt werden über diesen, von mir nach langem Grübeln erfundenen Namen. „Er ist kurz," so sagte er, „ist deutsch, ist vielsagend und nicht marktschreierisch. Sie werden sehen, Ihr neues Wort erwirbt sich Bürgerrecht im Theater-Lexikon." Seine Prophezeihung hat sich erfüllt; wo sich seit jener Zeit zwei oder drei Schauspieler zu einer

Kunstreise zusammenthun, sei es von oder auf der dunkelsten Winkelbühne, da lese ich regelmäßig ein „Gesammtgastspiel" angekündigt. Einen zweiten Namen für das Unternehmen schöpften gütige Freunde: „Mustervorstellungen"; welchen Namen gütige Feinde zu variiren geruhten in: Monstrevorstellungen, oder noch lieblicher: Musterreitervorstellungen.

Von letzterer Benennung verspürte ich den Treffer in mir, als ich, meine Muster- oder Probenkistlein in der Hand, von Köln aus die Rundreise durch Deutschland antrat. Die Stationen derselben waren: Hannover, Hamburg, Berlin, Breslau, Wien, Prag, Dresden, Leipzig, Frankfurt am Main, Stuttgart, München. Die Abenteuer dieser Irrfahrt schenke ich dem geneigten Leser, wie die Aufzeichnung Dessen, was ich unterwegs gewonnen und verloren, geschrieben und gesprochen. Er wird mir's auf's Wort glauben, daß ich in den letzten Tagen Aprils todtmüde nach Hause kam. Unter andern guten Sachen brachte ich einen wolconditionirten Husten mit, welcher sich zu einem „schönen Fall" von Bronchitis entwickelte und ohne Pfeufer's energischen Eingriff weiter entwickelt haben würde in eine, für das Gesammtgastspiel und dessen Urheber höchst kritische Lungenentzündung. Sobald es Frühling wurde, — das heißt, in's Alpendeutsch übersetzt: sobald es zu schneien aufhörte und zu regnen anfing, — schickte mich

mein ärztlicher Haustyrann zu einer Luft= und Molken=
cur nach Gais, Canton Appenzell. Auf der fast baum=
losen Hochebene war es noch tiefer Winter, und die
kleine, im patriarchalischen Gasthof zum Ochsen einge=
sperrte Gesellschaft athmete mehr die zweifelhaften
Düfte des Billardzimmers ein, schlechten Kaffee mit
gutem Kirschwasser verbessernd, als die reinen Hauche,
die vom hohen Säntis herniederstürmen. Brannte ein=
mal ein verirrter Strahl der Mittagssonne durch die
tiefziehenden Wolken und Nebel, so gingen wir in dem
einzigen Schatten, den es gab, im Schatten des Kirch=
thurmes des Dörfleins Gais spazieren. Ländlich, schänd=
lich. Einem vierwöchentlichen Aufenthalte in diesem
verlorenen Paradiese weiland Ulrich Hegner's, — dessen
classischer Roman, „Die Molkencur", in Gais spielt, —
vermochte weder mein Husten, noch meine nervöse Auf=
regung zu widerstehen. Geheilt von allen idyllischen
Gelüsten, kehrte ich zurück und stürzte mich mit wahrem
Heißhunger über die auf meinem Schreibtisch abge=
lagerten Arbeitsreste her, darunter auch die weiteren
Vorbereitungen des Gesammtgastspiels. Dasselbe war in
der unfreiwilligen Ruhe nicht gewachsen. Nicht weniger
als neun große Namen fand ich nicht wieder, als ich
die Häupter meiner Lieben zählte. Excessit die Eine,
evasit die Andere, erupit der oder die Dritte. Bald
unter diesem durchsichtigen Vorwande, bald aus jenem

triftigen Grunde. Ich mag nicht wiederholen, was mir an Gerüchten über verweigerten Urlaub, Schwierig= keiten, Einschüchterungen, Warnungen und Abreden der verschiedensten Art zugetragen wurde. Die That= sache blieb nicht wegzuschaffen, daß ich in's Verlust= Conto einschreiben mußte: aus Wien Ludwig Löwe, Frau Hebbel, Dawison, die Wildauer; aus Berlin: Lina Fuhr, Dessoir; aus Stuttgart: Grunert und die Wilhelmi; die Bayer=Bürck, last not least, aus Dresden. Emil Devrient schrieb: ich möge mich trösten; es seien immer noch genug übrig, um mir eine neue Schwindsucht an den Hals zu schwatzen oder zu ärgern. Er rechnete auf die magnetische Kraft des Erfolges. „Wir fangen an", so rieth er, „mit zwölf Gästen und kündigen zunächst auch nur einen Cyclus von zwölf Abenden an. Bleibt uns das Glück treu, — bisher dürfen wir Zwei uns nicht über seine Ungunst be= schweren, — so lassen Sie Ihre Reserve in's Feld rücken; für ein zweites Dutzend haben Sie doch noch ganz annehmbare Freiwillige in Rückhalt. Aber zum Voraus dürfen wir uns weder auf lang hinaus binden, noch im Repertoire und im Personal zu weite Kreise ziehen. Zu rechter Zeit aufhören, erleichtert den Anfang."

Also geschah's. Zwölf Gäste. Zwölf Abende. Il dodecamerone. Der dunkle Vergleichungspunkt sollte nicht ausbleiben.

Dienstag, den 11. Juli, vier Tage vor Eröffnung der Industrie=Ausstellung, gingen Morgens die Sonne und Abends der Theatervorhang über dem großen Ereigniß der ersten Gesammtgastspielvorstellung endlich, wirklich, glücklich auf. Die Braut von Messina. Ein Prolog, zu dessen Abfassung ich mehrmals den verzweifelten Anlauf genommen, blieb mir in der Feder stecken. Ich beruhigte mein Gewissen mit der Ueberzeugung, daß dergleichen Gelegenheitsdichtungen auf dem Liebhabertheater eine gute Wirkung und Stimmung hervorbringen können, während sie ein großes, gemischtes Publicum in der Regel abkühlend berühren. In Shakespeare's Globus war der Prolog eine berechtigte, eine stehende Figur, welche das leben= dige Verhältniß zwischen Bühne und Zuschauerraum, zwischen Dichter, Darsteller und Hörer ausdrückte. Auch die rein ästhetische Bühne Goethe's mag ein akademisches Element solcher Art zugelassen, vielleicht erfordert haben. Heutzutage aber soll man Theater= reden, Festspiele, Allegorien für äußerliche Zwecke wie Hoffeierlichkeiten, Jubiläen oder Inaugurationen auf= heben; das moderne Theater hat keinen Platz für sie.

Der erste Eindruck der „Braut von Messina" er= wies sich, vollkommen objectiv gesprochen, als über= wältigend. Meine Wahl gerade dieses Werkes war eine wohl überlegte gewesen. Dasselbe ist das am wenigsten volksthümliche unseres volksthümlichsten Dramatikers, also nicht abgespielt, wie die übrigen. Es ist feierlich bis zum Fremdartigen; keineswegs ein Schicksalsdrama im gewöhnlichen Sinne, wozu es eine kurzsichtige Kritik hier und da hat stempeln wollen, sondern eine Gattung für sich, in welcher das classische und das romantische Ideal organisch verbunden er=scheinen; geschrieben in einer Sprache, die in ihrer eigenthümlichen Klangfarbe, ihrem streng gemessenen und doch beflügelten Rhythmus zur Musik wird. Mit besonderer Vorliebe habe ich mich, seit ich überhaupt die scenische Reproduction großer Tragödien betreibe, auf diese „Braut von Messina" geworfen, welche von den meisten deutschen Bühnen in die Ecke geschoben und, meines Wissens, auf einer außerdeutschen niemals versucht worden ist. Sie kommt mit ihren Aufzügen und Chören, mit dem ganzen äußerlichen Apparat der Handlung meinem, ich muß beinahe glauben: angeborenen Hang zu Massenentwickelungen und Massenwirkungen auf der Bühne verführerisch entgegen. Ich baue mir deswegen die „prangende Halle" im ersten Act, im zweiten die Gartenterrasse des Klosters sorgfältig und mit selbstvergnügtem Raffinement auf, vor Allem den Localton feststellend: ein Normannischer Palast in Messina, eine Schlucht im „Waldgebirg des Aetna". Daß ich, aller Topographie Trotz bietend, diesen selbst

noch nicht habe zeigen können mit einer aus dem be=
schneiten Gipfel aufsteigenden Rauchsäule, ist mir ein
nagender Kummer; glüht, dampft und speit doch der Vesuv
in der Oper nun schon durch ein halbes Jahrhundert
unbeanstandet fort. Zu der Terrasse gelangt man von
unten; nur mit halbem Leibe sichtbar, belauscht Don
Cesar mit seinen Begleitern das Gespräch des liebenden
Paares und stürzt dann mit einem Tigersprung herauf,
herab, hervor zu dem blitzstrahlenden Mordstreich. In
die Halle steigt man dagegen herunter, auf einer im=
posanten Riesentreppe, die hoch oben aus den Soffiten
in doppelter Windung, mit einem breiten Absatz in
der Mitte auf die Vorderbühne führt. Von dort
herab poltern zuerst, von entgegengesetzten Seiten auf=
tretend, auf dem Absatz zusammenstoßend, drohende
Blicke und Geberden wechselnd, unter kriegerischer
Musik von draußen, die den vom Dichter vorgeschriebenen
Einzugsmarsch fortsetzt, die beiden Chöre. Ich lasse
sie weder uniformirt, noch im Gänsemarsch auftreten,
sondern in zwei wilden wirren Haufen, nach Möglich=
keit zahlreich, staubbedeckt, kampfgerüstet, die Schwerter
zum Theil gezückt, die Schilde gehoben, je ein zersetztes
Fähnlein flatternd über jeder Schar. Später erscheinen
ebenso, aber im langsamsten Cothurnschritt, die Mutter
und ihre Söhne. Dieses Arrangement hat sich überall,
auch unlängst noch in Wien, als wirksam bewährt;

doch fand der allzeit schlagfertige Wiener Witz heraus, dasselbe sei unnatürlich, und richtete die Frage an mich: ob denn die Handlung im Rathhauskeller zu Messina vor sich gehe, da alle Leut' eine „Mordsstiegen" herunterkraxeln müßten? Nein, meine Herren. Die Sache ist viel einfacher, als Ihre Heurigen-Weisheit aus dem St. Stephans-Keller sich träumen läßt, und liegt ganz deutlich folgender Maßen.

Das Herrenhaus von Messina, hoch thronend auf dem, die Stadt, den Hafen, die Meerenge und die calabrische Küste beherrschenden Felsengürtel, ein normännischer Bau, von Außen und im Inneren gleich düster, hat im tief gelegenen Erdgeschoß eine weite „Halle", deren plumpe Pfeiler mit Waffen, Trophäen aus Sarazenenkämpfen und Schnäbeln gekaperter Schiffe geschmückt sind. Dort empfängt die Fürstin die Stadtverordneten; dort versammeln sich die Begleiter der zwei Söhne des verstorbenen Fürsten, das Hausgesinde, dunkel gesprenkelt von maurischen Sklaven, die beim Einzug zusammenströmende Bevölkerung; wie denn in diesen weiten Räumen alle Haupt- und Staatsactionen abgespielt werden. Die fürstlichen Gemächer befinden sich im ersten Stock, zu dessen Eingang eine äußere Freitreppe führt, über das Erdgeschoß von beiden Seiten emporsteigend, entsprechend der Doppelstiege, welche im Inneren aus dem ersten Stock in die Halle

hinabgeht. Im erſten Stock befindet ſich die Schloß=
capelle, die genau nach Don Cesar's maleriſcher Be=
ſchreibung und nach des Dichters Vorſchrift in der=
ſelben Einrichtung und Ausſchmückung verblieben iſt,
wie bei der Beiſetzung des verſtorbenen Fürſten. Daß
die Wittwe und die Söhne, unmittelbar nach Ankunft
der Letzteren, zuerſt am Sarkophage des Fürſten ihre
Andacht verrichten und an der ſtillen Todtenmeſſe, die
in der Capelle gefeiert wird, ſich betheiligen, ergibt
ſich doch gewiß aus der Situation und kann nicht als
geſuchter Theatereffect erſcheinen. Wenn hoch oben die
Flügelthüren der Capelle aufgeriſſen werden, ſieht der
Zuſchauer, wie ſich die drei, in tiefe Trauer gehüllten
Geſtalten von den Knieen erheben und langſam die
breite Stiege in die Halle herniederſchweben, unten
empfangen vom Preislied beider Chöre, denen ſich die
Aelteſten von Meſſina, die Hausdienerſchaft, das Volk
beigeſellt haben. In der Mitte ſchreitet die Fürſtin
einher, das ſchöne Antlitz freudetrunken erhoben; an
ihrer rechten Hand Don Manuel, ein blonder Nor=
manne; zur Linken Don Cesar, der tiefdunkle Süd=
länder. So ſtellt ſich ein figuren= und farbenreiches
Bild zuſammen, welches, ſelbſtverſtändlich, nicht bunt
iſt, aber auch nicht eintönig ſchwarz, und welches in
mannigfaltige Bewegung geſetzt wird durch die Theil=
nahme der Menge an der Handlung, der Stimmung,

den Reden der dominirenden Personen. Zu diesem Zweck erlaube ich mir auch mit dem Text der Chöre eine weit, hoffentlich nicht zu weit gehende Freiheit. Schiller's eigene Intentionen verfolgend, theile ich ihn bald zwei, bald drei Sprechern zu, wo keine langen Solosätze eintreten, und lasse in die Tutti=Reden, welche auf kurze Schlagworte und Ausrufe zurückgeführt werden, hier und da, in gleichsam unwillkürlichem Ausbruch, das Volk einfallen. „Krieg" (fortissimo) oder „Frieden" (piano). Da stimmen die Aeltesten von Messina flehend ein. Und wie ich mit dem her=kömmlichen Aufmarsch, Contremarsch, Abmarsch der Chöre gebrochen habe, halte ich sie auch während des ganzen ersten Aufzuges in äußerlicher Bewegung; sie gehen ab und zu, sondern sich in einzelne Gruppen, treten dann wiederum zusammen in feste Massen, lagern sich, Schild und Schwert abwerfend, auf den Stufen der Treppe, werden von Sklaven mit Speise und Trank gelabt. Am Schlusse des Actes verläuft sich dann Alles, so daß nur ein paar Führer des alten Chores auf der Scene zurückbleiben, die sich in unheim=lichem Flüsterton über die Gräuel des Hauses unter=thalten. Hier fehlt mir, was ich bisher nicht gewagt habe anzubringen, aus Bedenken gegen den Anachronis=mus: das Bild des jüngst verstorbenen Fürsten, eine Riesengestalt, ein dämonischer Kopf, in charakteristischen

Zügen an beide Söhne mahnend. Wenn dasselbe von einem Pfeiler in die allmälig dunkel und leer gewordene Halle herniederschaute, ein stummer Zeuge der Familienschicksale, die seine Schuld fortzeugend hat geboren, so wäre der Gesammteindruck ein vollkommener und die Grundlage für das ganze Stück gewonnen, insonderheit auch für den Gegensatz des zweiten Actes, das Landschaftsbild des Klostergartens, für welches ich allerdings noch keinen Rottmann gefunden.

Ich habe, breiter als vielleicht nöthig, meine Reproduction des ersten Actes der „Braut von Messina" geschildert, keineswegs in ruhmrediger Selbstgefälligkeit, sondern um am einzelnen Beispiel zu zeigen, was man im Ganzen, für das Ganze thun kann, thun muß, damit dasselbe zu seinem Rechte gelange. Im Burgtheater waren, der räumlichen Beschränkung wegen, nur Andeutungen meiner Intentionen möglich, während ich mich auf der in Höhe, Breite und Tiefe gleich mächtigen Münchener Bühne nach Herzenslust ausstrecken und tummeln durfte. Als auf der dortigen Riesentreppe Julie Rettich, die erste Tragödin der damaligen Zeit, zwischen Emil Devrient und Hermann Hendrichs herunterkam, den berühmtesten Liebhabern und zugleich den in natura feindlichen Brüdern des deutschen Theaters, da ging ein wonnevoller Schauer durch das ganze überfüllte Haus, der auch mich, mich

vielleicht am tiefsten von allen Zuschauern, kalt durch=
rieselte. Konnte ich doch unter das unverlöschliche
Bild dieser Stunde mit berechtigtem Stolze schreiben:
Ipse feci. Meine Frau und Franziska Dönniges, die
vor mir in der Loge saßen, während ich mich rück=
wärts, auf dem im Halbdunkel verlorenen „Bankerl“,
in eine unaussprechliche Empfindung verkroch, faßten
und drückten in demselben Momente meine beiden
Hände.

Da ich keine Theatergeschichte schreibe, sondern
nur das Märchen meines Lebens erzähle, brauche ich
den Verlauf des Gesammtgastspiels hier nicht zu ver=
folgen. Der Erfolg war am ersten Abend entschieden,
wuchs mit jeder Vorstellung, wie die Ziffern der Ein=
nahmen unwiderleglich darthun, verbreitete sich in die
höchsten wie in die niedrigsten Kreise und spiegelte sich
auch in den Urtheilen der Presse ab, die aus allen
Enden und Ecken Deutschlands ihre Vertreter gesendet
hatte. Sie waren, meiner Einladung folgend, erschienen,
unter ihnen die anerkanntesten Namen; sogar ein paar
Franzosen, Engländer, Italiener fanden sich ein, so
daß die „Fliegenden Blätter“ den Einzug der Bericht=
erstatter zum Gesammtgastspiele durch eine Illustration
verherrlichen konnten, auf welcher Hottentotten, Chinesen,
Indianer, Grönländer in ihren Nationaltrachten, die
Schreibtafel und den Operngucker umgehängt, einher=

stolzirten. Auch sämmtliche fremde Souveräne, die den Glaspalast besuchten, sprachen im Theater vor und nahmen Theil an dem Gastspiele: der Kaiser von Oesterreich, König Friedrich Wilhelm der Vierte von Preußen, die Königin der Niederlande, der König von Sachsen, — der mir beim Abschied sagte: „In Ihrem Hause ist's wol schön, aber schöner noch in Meinen Bergen", und der zwei Tage darauf an der Schwelle dieser Berge seinen plötzlichen, traurigen Tod fand, — alle erneftinischen Fürsten, der Kurfürst von Hessen, der, weil er incognito bleiben wollte, sich meiner Loge landesväterlich bediente. Sie kamen alle, alle, bis auf Einen: König Wilhelm von Württemberg. Ihn sah ich eines Tages in der Briennerstraße an mir vorüberfahren, blieb stehen und grüßte ehrerbietig. Er aber wandte hastig den Blick nach der anderen Seite, während Graf Taubenheim, der neben ihm im Wagen saß, freundlich dankte; ein Zeichen, daß ich bemerkt und erkannt worden war. „Also noch immer in Ungnade bei dem alten Herrn", seufzte ich, besann mich aber zu meinem Troste, daß ja diese Ungnade eigentlich eine Gnade bedeute. Auch über das Fernbleiben meiner Collegen, der Bühnenvorstände und der Bühnendichter, mußte ich mich beruhigen; sie glänzten, obwol geziemend eingeladen, durch ihre Abwesenheit. Eine gleich bezeichnende Ausnahme von

der Regel machte in einer anderen Richtung die Mün=
chener Localpresse. Indeß die auswärtigen Zeitungen,
unter ihnen die größten und mächtigsten Organe der
Oeffentlichkeit, übereinstimmten in der Anerkennung
sowol meines Unternehmens, wie der einzelnen Kunst=
leistungen, ergingen sich kleine Tageblätter Münchens
in einer gesinnungstüchtigen Negation, von deren Ton
die nachfolgende Probe einen Begriff geben mag. Die
„Bayerische Landbötin" brachte Donnerstag, den 27.
Juli 1854 eine Theaterkritik, welche also beginnt:
„Dienstag, 25. Juli. Mit aufgehobenem Abonnement.
Neunte Gesammtgastspielvorstellung. Cabale und Liebe,
Trauerspiel in 5 Aufzügen von Schiller. Bei Sirius=
hitze und erhöhten Preisen in's Theater gehen, anstatt
in's Wasser, ist auch classisch. Das Haus war voll=
gepackt wie ein Faß Sardellen.   Und so weiter.
Zum Schluß hieß es: „Dort sitzt Einer; er zählt die
Häupter seiner Lieben, und sieh': ihm ist viel Geld
geblieben. Auch der Hamster sammelt sich Vorrath
im Sommer, um im Winter davon leben zu können.
Den sieben fetten Kühen können sieben magere folgen,
und es wird eine Zeit kommen, wo Abraham's Nach=
kommen sich vergebens nach den Fleischtöpfen Aegyptens
zurücksehnen werden." Welch ein Standpunkt, dem
ganzen Unternehmen und der einzelnen Vorstellung
gegenüber! Gerade „Cabale und Liebe" zündete so

mächtig, schlug so erschütternd ein und durch, daß die Aufführung wiederholt werden mußte. In dem wunderbaren Finale des zweiten Actes standen neben einander gleichzeitig auf der Bühne: Meister Anschütz, als Geiger Miller, — Mama Haizinger, als Millerin, — Emil Devrient, als Ferdinand, — als Luise Marie Seebach, deren Stern in dem Gesammtgastspiel zuerst aufging, — Kaiser als Präsident. Und das vor einem, im vollen Sinne des Wortes europäischen Publicum. War das nicht wirklich, um mit Shakespeare zu reden:

> a kingdom for a stage, princes to act,
> and monarchs to behold the swelling scene!?

Als der Vorhang gefallen, raste ein minutenlanger Beifallssturm durch das Haus, wie er stärker niemals in einer italienischen Oper gehört worden ist, und auf dem Wege zur Bühne, wohin ich eilte, meinen Gästen zu danken, drängten sich wildfremde Leute in Scharen an mich heran, glückwünschend und huldigend, im Foyer feierten mich mit jubelndem Zuruf die Studenten, welche zu diesem Stück massenhaft herbeigeströmt waren, wie sie immer thun, wenn Jugend zur Jugend spricht. Darauf dann, zwei Tage später, eine solche „Kritik", welche freilich von der Polizeidirection confiscirt wurde! Ein Jammer über das heiße, das überfüllte Haus! Ein Münchener Klagelied gegen die Münchener Inten-

danz, die mit fremden Kräften und aus einem, großen=
theils fremden Publicum Einnahmen und Erübrigungen
erzielte! Wie es aber um die „erhöhten“ Preise bestellt
war, möge der Leser selbst beurtheilen: ein Stehplatz
im Parterre kostete 48 Kreuzer, ein Parketsitz 1 Fl.
30 Kr., die Galerie 24 Kreuzer, eine viersitzige Loge
in den vier Rängen 6, 9, 10, 11 Gulden.

Einmal in Ziffern angelangt, will ich auch nicht
unterlassen, den Freunden der Statistik zu Liebe, in
meine Plauderei ein paar ernsthafte „Tabellen“ einzu=
schalten, betreffend: die Personal= und Repertoirechronik
und die Cassaresultate des Gesammtgastspieles.

Es fanden vom elften bis zum einunddreißigsten
Juli zwölf Vorstellungen statt: Die Braut von
Messina, Minna von Barnhelm (zweimal gegeben),
Nathan der Weise (am Tage der Eröffnung des Glas=
palastes, 15. Juli), Faust (zweimal), Emilia Galotti,
Egmont, Maria Stuart, Cabale und Liebe (zweimal),
Clavigo, mit dem zerbrochenen Krug. Schlußvorstel=
lung: Faust.

Mitwirkten zwölf auswärtige Gäste, zehn ein=
heimische Mitglieder: Anschütz, Emil Devrient, Döring,
Frau Haizinger, Hendrichs, Kaiser, La Roche, Liedtke,
Fräulein Luise Neumann, Frau Rettich, Schneider,
Fräulein Marie Seebach; Christen, Dahn, Frau Con=
stanze Dahn, Frau Marie Dahn=Hausmann, Fräulein

Damböck, Fräulein Denker, Haase, Jost, Lang, Straß=
mann. Von jenen zwölf leben, nach 25 Jahren, der=
malen — unberufen — noch sechs, just die Hälfte;
darunter das älteste, das heißt unverwüstlich=jüngste
Paar, Papa La Roche, Mama Haizinger. Von diesen
Zehn ist, — wiederum unberufen — bisher nur Einer
mit Tode abgegangen, Einer, aber ein Löwe: Jost.

Was endlich die greifbaren, zählbaren Cassaresul=
tate anbetrifft, so stellen sich dieselben dar in der
folgenden amtlichen Tabelle.

Ließe sich doch in Ziffern ebenso bestimmt, wie
der Reinertrag für die Casse, auch der künstlerische
Gewinn aus dem Gesammtgastspiele ausdrücken! Frei=
lich gab es seiner Zeit Kritiker, welche ohne den Vor=
stellungen beigewohnt zu haben, diesen künstlerischen
Gewinn auf Null abschätzten, wie die charaktervollen
Coulissen=Tacitusse, die entweder in ihrer Universal=
geschichte des deutschen Theaters oder in Monographien
aus derselben das Unternehmen zu erwähnen nicht
umhin konnten, in grämlicher Zurückhaltung dessen
„Glück“ hervorhoben, an den Intentionen wie an der
Wirkung mit einer kühlen Note unter dem Text gnädig
vorübergehend. Ich frage nicht, ob das Urtheil gerecht
gewesen; die Frage wäre kindlich. Aber ob dasselbe
der Wahrheit entsprochen habe, das zu untersuchen,
werde ich, auch heute noch, berechtigt sein. Sind die

Ueberſicht

der ſich ergebenden Kaſſa-Reſultate bey dem Geſammt-Gaſtſpiele auf dem Königlichen Hof- und National-Theater in München.

Datum.			Vorſtellung.	Koſten.									Kaſſen-Ein-nahme.			Rein-Ertrag.		
Jahr.	Tag.	Monat.		Honorare der Gäſte.			Tageskoſten incl. der Spiel-honorare.			Summa.								
				fl.	kr.	₰	fl.	kr.	₰	fl.	kr.	₰	fl.	kr.	₰	fl.	kr.	₰
1854	11.	July	Die Braut von Meſſina	500	—	—	115	36	—	615	36	—	1132	—	—	516	24	—
"	13.	"	Minna von Barnhelm	600	—	—	86	30	—	686	30	—	1590	6	—	903	36	—
"	15.	"	Nathan der Weiſe	633	20	1)	93	8	—	726	28	—	1509	24	—	782	56	—
"	17.	"	Minna von Barnhelm (im Abonnement)	600	—	—	60	57	—	660	57	—	960	—	—	299	3	—
"	18.		Fauſt	600	—	—	161	34	—	761	34	—	1757	48	—	996	14	—
"	19.		Emilia Galotti	733	20	1)	74	14	—	807	34	—	1368	—	—	560	26	—
"	21.		Egmont	700	—	—	139	11	—	839	11	—	1659	—	—	819	49	—
"	23.		Maria Stuart	633	20	1)	113	56	—	747	16	—	1570	6	—	822	50	—
"	25.		Kabale und Liebe	500	—	—	74	44	—	574	44	—	1753	12	—	1178	28	—
"	27.		Clavigo / Der zerbrochene Krug	500	—	—	90	28	—	590	28	—	1591	42	—	1001	14	—
"	30.		Kabale und Liebe	500	—	—	71	34	—	571	34	—	1834	54	—	1263	20	—
"	31.		Fauſt	500	—	—	149	53	—	649	53	—	1919	12	—	1269	19	—
			Summa	7000	—	—	1231	45	—	8231	45	—	18645	24	—	10413	39	—

München, am 31. July 1854.

Königliche Hoftheater-Oeconomie.

(gez.) K. Kugler.

1) Der ungerade Betrag erklärt ſich daraus, daß Einer von den Gäſten, der, ſtatt garantirter vier Rollen, nur drei erhielt, mit dem Honorar für vier Rollen bedacht wurde.

6*

zwölf Abende wirklich vorübergegangen, wie es andere, wie es alle Theaterabende thun, ohne eine weitere Spur zu hinterlassen, als zwölf, mit lateinischer Schrift gedruckte Zettel im Münchener Archiv, Jahrgang 1854, und in der Casse den bald verschwundenen „Reiner=trag" von etwas über zehntausend Gulden in (gleich=falls verschwundener!) Reichswährung? Exeunt omnes? Der Vorhang fiel? Der Rest war Schweigen?!

Ich glaube: Nein. Schon das eine, das erste Ergebniß scheint mir keineswegs zu unterschätzen, daß einmal, unwiderleglich und schlagend, der Beweis ge=führt worden ist, es sei möglich, aus den vornehmsten deutschen Bühnen eine allgemein=deutsche Musterbühne zusammenzustellen, die berühmtesten Meister unserer Schauspielkunst, ohne Vortheil für ihr eigenes, einzelnes Interesse, durch rein ideale Zwecke, in ein Ganzes zu verschmelzen und ein, aus sämmtlichen deutschen Stämmen, Staaten, Städten gemischtes Publicum zu erwärmen für die Aufführung classischer Dichtungen durch classische Darsteller. Der Glanz und die Größe dieser Kunstgebilde, der unbestimmbare, und doch von Jedem tief empfundene Hauch einer hohen Weihe, welcher, sobald der schwere Portalvorhang langsam emporrauschte, von der Bühne in den Zuschauerraum herabwehte, aus diesem zu jener zurückströmte, der unauslöschliche Eindruck, den die zwölf Abende in allen

Theilnehmern nicht blos hervorgebracht, sondern dauernd hinterlassen, — alle diese Momente waren künstlerische Errungenschaften des Unternehmens, waren die ersten Keime zu dem Zukunftsbilde eines deutschen National= theaters, die frühesten Regungen des Associationstriebes in der Körperschaft dramatischer Künstler. Jetzt steht dieselbe fest gegliedert da und erstreckt sich als ge= schlossener Verein, lebenskräftig, fruchtbringend, über alle Bühnen, so wie jetzt alljährlich bald Gesammt= gastspiele im Kleinen, bald Wanderungen ganzer Theater= gesellschaften von Nord nach Süd, von Süd nach Nord, in's Elsaß, in die Schweiz, sogar über's Weltmeer nach Amerika, stattfinden. Auch mir hatten wol periodische, regelmäßige Wiederholungen meines Unternehmens vor= geschwebt. Warum sollte man nicht, dacht' ich, die neue Bühne, so complicirt und schwerfällig sie ist, auf den alten Thespis=Karren packen und, die Erleichterungen des Weltverkehrs, das Wachsthum der großen Städte benützend, auf einem beweglichen Nationaltheater unsere besten Stücke, unsere besten Spieler in Deutschland umherführen, eine Messe hier, ein Hoffest dort zu verherrlichen und auszubeuten? Haben doch im Mittel= alter englische Komödianten Deutschland, deutsche Gebirgsjodler England besucht! Waren und sind doch französische Lustspieler und italienische Sänger bis zur Stunde Stammgäste bei uns zu Lande! Was den

Fremden recht ist, sollte es nicht den Einheimischen billig sein?

Nicht ich allein trug dergleichen weitgehende, hochfliegende Pläne im Kopf. Der alte Dumas, — ich meine Dumas père, obwol er eigentlich der junge ist, und Dumas fils der alte, — schrieb mir als Antwort auf meine Einladung zum Gesammtgastspiel folgenden Brief:

„Monsieur et cher confrère, Permettez-moi de vous recommander un de nos rédacteurs et amis, parti tout exprès des bureaux du ‚Mousquetaire‘ pour être notre correspondant dans votre capitale. Je ferai tout au monde pour qu'il soit mon maréchal-du-logis, et il vous parlera d'une affaire qui, si elle réussissait, m'amènerait naturellement à Munich. Cordialité bien sincère, Alexandre Dumas. Paris, 28 juin 1854.“

Die „affaire“, über welche Armand Baschet, der Berichterstatter des Mousquetaire, ein junger Mann von echt französischer Liebenswürdigkeit, eingehend mit mir unterhandelte, war eine Wiederholung des Münchener Gesammtgastspiels auf dem théâtre historique zu Paris bei Gelegenheit der dortigen Weltausstellung vom Jahre 1855. Der Plan zerschlug sich. Warum, weiß ich nicht mehr; vermuthlich weil ich im Sommer 1855 schon das Erdbeben in den Gliedern spürte, welches anderthalb Jahre später meine Theaterherrlichkeit über den Haufen warf. Wiederum zwölf Jahre darauf, 1867, scheiterte derselbe Plan, obwol er schon in das Stadium des Vertrages eingetreten war, und

durch niemand Geringeren als Fürstin Pauline Metter=
nich beschützt wurde, an der Weigerung des Finanz=
ministers Fould, die von mir begehrte Garantie,
keineswegs eines Gewinnes, nur der Kostendeckung, zu
bewilligen.

Mag das Gesammtgastspiel bisher also keinen
Ableger getrieben haben, — darüber sollen die Schrift=
gelehrten sich weiter freuen; daß es rasch und reich in
Blüthen schoß, kann, mit dem besten Willen, Niemand
von ihnen leugnen. Und zwar nicht blos Blüthen auf
der Bühne, sondern auch im Salon. München war
im wunderheißen Julimond außerordentlich gesellig.
Der Hof, die Minister, die Diplomaten, die haute
finance sahen täglich Leute. Gelehrte und Künstler
ließen sich gleichfalls nicht lumpen; sie lumpten viel=
mehr lustig mit. Ein Abend in der Woche gehörte
Liebig's, ein anderer Kaulbach's, ein dritter Dönniges',
ein vierter Dingelstedt's. Ueberall standen die Schau=
spielgäste im Mittelpunkt der, aus interessanten Fremden
und notabeln Einheimischen bunt gemischten Kreise;
sie spielten die ersten Rollen aus dem Theater in der
Soiree fort. Ich gedenke mit Wonne und Wehmuth
einer attischen Nacht bei uns, wo eine übermüthige
improvisirte Komödie, frei nach Kotzebue's „Landhaus
an der Heerstraße", aufgeführt wurde, unter Döring's
Leitung. Zuletzt verlangte das junge Volk stürmisch

zu tanzen. Dem berechtigten Wunsch stand ein Paragraph meines Miethvertrags entgegen, in welchem ich mich verpflichtet hatte, bei mir nicht tanzen zu lassen. Mein erlauchter Hausherr, Graf Montgelas, brauchte zwar keineswegs für die Plafonds oder Parquetten seines Baues zu zittern, da derselbe ein durchaus solider war; aber er wollte Ruhe über seinem Kopf haben. Wer verdenkt es ihm? Ein Hausbesitzer gewiß nicht. An ihn schickte ich denn, von allen Seiten gedrängt, die Bitte um ausnahmsweisen Dispens von dem Verbote. Antwort: der Herr Graf werde sie, die Antwort nämlich, selbst bringen. Er kam kurz vor Mitternacht und tanzte mit meiner Frau die Française. Ein Cavalier von vornehmen Manieren und vornehmen Gesinnungen. Er befand sich keineswegs im Lager von Neu=München, ebensowenig in dem entgegengesetzten, welchem er mit Unrecht zuweilen wol beigezählt wurde. Als ich über Nacht, — fast buchstäblich über Nacht: vom 29. Januar auf den 1. Februar 1857, — entlassen wurde, besuchte er mich auf die erste Nachricht von meinem Sturz und bat mich, bei ihm wohnen zu bleiben, falls ich die Absicht hätte, zu kündigen; den Betrag der Miethe möge ich selbst bestimmen. Dies Anerbieten habe ich ihm niemals vergessen, wie auch seine artige Gastrolle nicht bei dem Sommernachts=reigen in seinem Hause, der nicht eher auseinander ftob, als bis auf dem Carolinenplatz volle Tageshelle herrschte.

Ihren Höhepunkt erreichten die geselligen Feste in dem Bankett, welches die Intendanz im Namen und auf Befehl des Königs' ihren Gästen Montag, den 24. Juli, im großen Foyer des Hoftheaters gab. Dasselbe dauerte von zwei Uhr Nachmittags bis in den späten Abend, der deswegen keine Vorstellung brachte, und vereinigte zu einer, in der That seltenen Tafel= runde: die zwölf Gäste, die ersten Mitglieder und Beamten der Münchener Hofbühne, die Vertreter der Presse, einige Notabilitäten der Kunst und Wissenschaft. Obgleich es jetzt hergebracht ist, das Menu und die Toaste derartiger Zweckessen mit gewissenhafter Treue zu veröffentlichen, wenn nicht zu „verewigen", so will ich dem geneigten Leser die aufgewärmten Schüsseln erlassen und von den Trinksprüchen nur den Inhalt der officiellen mittheilen. Wie natürlich begann ich mit einem wohlverdienten, wohlaufgenommenen Dank und Hoch auf König Max. Dann folgten: Emil Devrient: auf Franz Dingelstedt, den Schöpfer u. s. w. Charta erubescit. Regisseur Dahn: den zwölf Gästen. Regisseur Hölken: Frau Jenny Dingel= stedt-Lutzer, doppelt die Unsere, als Künstlerin und als Intendantin. Meister Anschütz: das gastliche Bayern= land und seine kunstreiche Hauptstadt München. F. G.

Kühne aus Leipzig: der Einigkeit, der Einheitlichkeit aller Künste. Armand Baschet aus Paris: Au revoir à Paris, l'année prochaine. Hendrichs: Der Presse. Wolfgang Müller aus Köln: Den Frauen. Den größten Eindruck von allen Rednern brachte Grunert hervor, der bekannte, nun auch schon dahingeschiedene Charakterdarsteller aus Stuttgart. Er befand sich ursprünglich unter den Geladenen, hatte die Einladung angenommen, aber — obwol die württembergische Hofbühne fest geschlossen war, wie alljährlich im Juli — den zu seiner Betheiligung am Gesammtgastspiele nöthig erachteten Urlaub nicht erhalten   Als Dreizehnter ein Opfer des Schicksals, sprach er folgendes, von ihm selbst verfaßtes Gedicht:

„Ihr rieft mich vom lieblichen Schwabenland
mit Euch zu opfern am Isarstrand.
Ihr Glücklichen opfert, — doch ich bin gebannt.

Ihr labt Euch an der castalischen Quelle,
taucht froh in des Liedes erfrischende Welle,
ich — sitz' auf dem Trocknen, auf sandiger Stelle.

Ein Zauberbann bietet Euch frohen Genuß
hoch unter der Krone; — ich stehe am Fuß
und spiele, — nein, lebe den Tantalus!

Wer wär' in diesem glänzenden Kreise,
der die Qual nicht verstände, die herbe und heiße,
nicht glaubte, daß ich Euch glücklich preise?

Ihr windet den frischen, blühenden Kranz
um die Ehrensäule des Künstlerstands
frei unter den Augen des Vaterlands!

Ihr züchtigt die hämische Lüge, die dreist
das Priestergewand von den Schultern Euch reißt,
denn brüderlich dient Ihr dem deutschen Geist!

Euch segnet Germania im Eichenkranze,
und ich — — — ich sonne mich mit in dem Glanze,
denn was Ihr erreicht, Ihr erreicht es für's Ganze!

Drum ruf' ich wie Ihr so feurig und gern:
Heil unsrer That und Heil dem Stern,
der uns vereinigt von nah und fern!

Und Heil der Hand, die den Segen webt,
der Hand, die gastlich zum Gruße sich hebt,
die königlich schützend über uns schwebt!

Mit ungeheuchelter Empfindung und in dem dumpfgrollenden Donnerton vorgetragen, welcher dem mächtigen Organ Grunert's eigenthümlich war, hatten die wunderlichen Dreizeiler bei dem weiblichen Theile der Versammlung einen so reichlichen Thränenerfolg, daß die Stimmung sich zu trüben, zu verweichlichen drohte. Da erschien zum Dessert, die Gesellschaft überraschend, König Maximilian, begleitet von einem einzigen Flügeladjutanten, Freiherrn von Leonrod, („jetzt nennt man ihn Generallieutenant"). Empfangen von stürmischen Zurufen, verweilte Seine Majestät eine volle Stunde in unserer Mitte, ließ sich bald hier, bald da an der Tafel nieder und bezauberte Alle, die

Frauen vor Allen, durch herzgewinnende Anmuth und Leutseligkeit. Bevor er aufbrach, erhob er das Glas und sprach mit fester, weithin tönender Stimme: „Mit hoher Freude trinke Ich auf das Wohl der berühmten Gäste Meiner Bühne und auf das Gedeihen der dramatischen Poesie und Kunst in Deutschland." Welches Echo die königlichen Worte in dem weiten Saale erweckten, wie, gleichzeitig mit den Candelabern und Lüstren in den dunkel werdenden Räumen, ge= sellige Lust und künstlerische Begeisterung immer heller emporflammten, — dergleichen beschreibt sich nicht, er= lebt sich nur einmal, vergißt sich niemals.

Und doch — es lagen, nur mühsam verborgen, zuweilen unwillkürlich hervortretend, finstere Schatten über meiner Stimmung, schwere Sorgen und Ahnungen auf meinem Herzen. Meine Tischnachbarin, Julie Rettich, von Wien her mir und meiner Frau nah befreundet, fragte mich: „Was haben Sie? Sie sind nicht bei uns!" Was ich hatte? Vor meinen Augen, mir allein lesbar, tauchte es auf in dunklen Zügen an der glänzenden Marmorwand des Festsaals, das warnende Mene Tekel. Dienstag, den 18. Juli, während der ersten Darstellung des „Faust" war Polizeidirector Düring, — Graf Reigersberg saß schon auf der Ministerbank — in meine Loge gekommen „zu einer dringenden Mittheilung", wie er sagte. Wir gingen hinaus, im Corridor auf und nieder. Mit beklommenem Ton fragte er, ob ich noch viel im Theater vorhabe, wie lange das Gesammtgastspiel dauern werde? Nun neigte sich gerade der fünfte Abend seinem Ende zu, und bei dem wachsenden Erfolg durfte ich an ein Dutzend weitere Aufführungen denken. Düring flüsterte kopfschüttelnd: „Machen Sie, daß Sie fertig werden. Rasch Ihre Ernte unter Dach gebracht. Es ist ein Unwetter im Anzuge, das wir nicht lange mehr verheimlichen können. Eben komme ich aus dem Krankenzimmer in Ihrem Hause. Ein junger Bursch ist aus dem Parterre dahinein und sofort weiter, in's Spital, geschafft worden. Armer Teufel! Heut Abend erst ist er aus Zürich zugereist und sofort in's Theater gestürzt, um die Seebach als Gretchen zu sehen. Ehe sie aufgetreten, ward er hinausgetragen. Sein Ränzel liegt in der Garderobe. Polizeiarzt und Theaterarzt sind Einer Meinung   Die Cholera.“

Sie war es, die fulminante, die echte, asiatische Cholera; damals, vor fünfundzwanzig Jahren, noch ein viel furchtbareres Schreckgespenst als jetzt, wo sie sich schier häuslich in unseren Großstädten niedergelassen hat. So lang wie möglich wurde das Incognito des fremden Gastes ängstlich gewahrt, seine Anwesenheit standhaft verleugnet. Bald ging's nicht mehr. Die Fälle mehrten sich. Das Geflüster wurde

Gespräch, das Gespräch Geschrei: Sauve qui peut! Bis gegen Ende Juli ließ sich die öffentliche Panik noch leidlich unterdrücken. Namentlich das Gesammt= gastspiel konnte, allerdings mit nur zwölf Abenden und mit beschleunigtem Tempo, täglich eine Vorstel= lung, am 31. Juli zu Ende, meine Ernte unter Dach gebracht werden, wie mein freundschaftlicher Warner gesagt. Dann aber brach es los, mit elementarer Gewalt, das gräßliche Unwetter, größere Ernten als die meiner Bühne, und vielverheißende Saaten zer= schmetternd, Fremde und Einheimische, gleich einer scheuen Herde, nach allen Weltgegenden zerstreuend, die herrlich aufgeblühte Stadt über Nacht entvölkernd, Monate lang wüthend, und zwar mit gleichem Zorn gegen Paläste und gegen Hütten, im Abzuge noch mit einem der letzten Partherpfeile die Mutter König Maximilian's, die gute Königin Therese, niederstreckend. Furchtbarer habe ich niemals, nirgends im Leben einen Gegensatz gesehen als München in der Mitte Juli's und München in der Mitte Augusts. Das Hoflager war zuerst nach Nymphenburg, dann nach Berchtesgaden verlegt worden. Die Anzahl von Reisepässen, welche Düring täglich ansfertigen mußte, ging in's Fabelhafte. Alle Gasthöfe leer; noch leerer die Theater; am allerleersten der Glaspalast, aus dessen zum Ersticken heißen Räumen ein schwüler Hauch, wie aus der Tiefe des Seuchenheerdes oder aus einem schwefelichten Krater, den wenigen, schattenhaft umher= irrenden Besuchern entgegenqualmte. Dafür füllten sich, vermehrten sich, immer nicht dem Bedarf genügend, die Spitäler; Friedhof und Leichenhaus waren die einzig frequenten Stellen in der verödeten Stadt; die im Trab durch die Straßen fahrenden Todtenwagen hatten die glänzenden Hofkutschen und Gala=Equipagen abgelöst, welche unlängst noch mit Lärm und Leben die weiten Plätze von Isar=Athen, von Isar=Florenz erfüllt. Ja wohl, zu den lichten Aehnlichkeiten war eine dunkele gekommen: die Pest.

Auch an meine Thür pochte der Würgengel und holte sich ein Opfer, die treffliche Pflegerin meiner Kinder, die uns aus Schwaben getreu nach Bayern gefolgt war. Zwei Tage darauf entführte der Reise= wagen, auf den kategorischen Befehl unserer Aerzte, Pfeufer's und Fischer's, meine Familie, um sie in Ischl zu bergen. Ein herzzerreißender Abschied, für's Leben, wie meine arme Frau meinte, die mich schon gestorben und begraben sah. Von Salzburg meldete sie mir, daß man sie, als aus München kommend, an vier Gast= höfen abgewiesen. Ich hatte versprochen und ich hielt es auch, ihr täglich Nachricht zu geben, wär's nur durch ein leeres, aber eigenhändig überschriebenes Cou= vert. Warum ich nicht mit ihr geflohen war? Wahr=

lich nicht aus Heroismus oder Stoicismus. Ich fürchtete mich rechtschaffen vor der entsetzlichen Landplage, obwol ich nicht weniger bürgerliche Courage zu besitzen glaube wie jeder Andere und dem Tode, besonders in jungen Jahren, auf dem Krankenbett oftmals nah genug und mit voller Resignation in's Auge gesehen habe. Nur die Cholera und nächst ihr die Blattern flößen mir unüberwindliche Angst ein, physischen Ekel, moralischen Abscheu. Deshalb hatte ich denn auch, nach Beendigung des Gesammtgastspiels, einen Urlaub nachgesucht und erhalten, in einem Handschreiben vom 12. August, voll der höchsten Anerkennung für ein Unternehmen, „welches einen Glanzpunkt in der Geschichte deutscher Bühnenkunst zu bieten geeignet ist." Zugleich aber war mir,   und zwar mündlich vom König selbst, da ich mich vor seiner Abreise nach Berchtesgaden in Nymphenburg bei ihm verabschiedete, — befohlen worden: das Hoftheater unter keinen Umständen zu schließen. Sommerferien gab es damals für die Münchener Bühnen überhaupt nicht; als Fremdenstadt während der Reisezeit vorzugsweise besucht, hatte die Residenz eine doppelte Saison, welche ausgenützt werden mußte. Wäre nun der Cholera wegen das Theater geschlossen worden, — was ich allerdings, unter Hinweis auf die Eventualität leerer Häuser, beantragte, — so hätte diese Ausnahme von der Regel einen üblen Eindruck nach Außen hervorgebracht und die Schrecknisse der Lage vermehrt. So wurde wenigstens in maßgebenden Kreisen argumentirt und demgemäß beschlossen: Es wird nicht geschlossen. Darauf blieb mir Nichts übrig, als zu bleiben, Urlaub und Anerkennung mit stillem Seufzer zu meinen Personalacten legend. Wenn der Intendant davonging, konnte man keinem Mitglied zumuthen, auszuhalten, nachdem die Mehrzahl, wie natürlich, ebenfalls um Urlaub gebeten. Und ich hatte dem König mein Wort darauf gegeben, daß fortgespielt würde. Wie, oder was? Gleichviel. Welche Einnahme? Einerlei. Nur nicht schließen. Da hieß es denn mit gutem Beispiel vorangehen, seine Todesangst verbeißen, den Thucydides oder den Boccaccio spielen. Mein Haus schloß ich zu; das durft' ich. Außer einem Muster von Bedienten, Jakob geheißen, und einem Küchendragoner, die auf den unbayerischen Namen: Rieke hörte, war Niemand zurückgeblieben, und dies treffliche Paar, welches sich noch viel ärger fürchtete als ich, machte durch constante Kamillen= und Chlorgerüche die gemeinsame Furcht nur fürchterlicher. In meiner Tagesordnung ward nicht das Mindeste verändert; jeden Morgen ging ich in die Kanzlei, jeden Abend in's Theater. Aber ich ging auf einem Umweg, weil der nächste Weg durch das Fingergassel führte, eines der engsten Sträßlein von

München, in welchem ein Sargmagazin gelegen war. Der schwunghafte Betrieb dieses lugubren Geschäftes füllte, — unübertrieben: bis zur Höhe des ersten Stockwerkes und über die ganze, freilich sehr schmale Breite der Gasse, — dieselbe aus, mit über, neben, durch einander aufgestapelten Särgen vom frischesten Tannenholze, die meisten blendend weiß, nur wenige angestrichen. Diesem einladenden Anblick auszuweichen, wandelte ich täglich durch die Briennerstraße, trank unter den Arcaden bei Carolina Tambosi die obligate Tasse Chocolade, in gewöhnlichen Zeiten mir ein Greuel, und verfügte mich hierauf mit bedächtiger Langsamkeit in die Intendantur. Dort hatte Inspector Schmitt einen strengen Cordon um uns gezogen, in Gestalt eines Placats an allen Thüren, auf welchem mit großen Buchstaben geschrieben stand: „Hier wird nicht von der Cholera gesprochen". Sintemalen es aber von anderen Dingen Nichts zu reden gab, auch im geschäftlichen Verkehr blitz-wenig zu thun, so verließ man nach kurzem Verweilen die heiligen Hallen und trank in Grodemange's Restauration, dem Theater gegenüber, das obligate Glas Bordeaux. Lauter untrügliche, jedoch auch unerläßliche Präservative gegen die Cholera, von welcher nicht gesprochen wurde. Dann erquickte eine Spazierfahrt auf den Friedhof, wo, fast regelmäßig um dieselbe Nachmittagsstunde ein Theaterarbeiter,

Schneider, Zimmermann, Feuerwächter, Billeteur zur
Erde bestattet wurde, arme Kerle, die, in den Vor=
städten wohnhaft, am meisten der Ansteckung ausgesetzt
waren. Ich hatte, — was mir jetzt, nachträglich, eine
ebenso überflüssige wie erzwungene Bravour scheint, —
mich darauf capricirt, allen Angehörigen des Theaters
auf ihrem letzten Wege das Geleit zu geben. Sogar
in's Spital wagte ich mich einmal, — und nie wieder!!
Um fünf Uhr beschloß ein Diner, wenn es das Wetter
gestattete, im Freien, im kühlen Brunnthal oder auf
einem hochgelegenen Bierkeller, die heiße Tagesarbeit.
Darauf kam die Erholung: Das menschenleere Theater,
und zu guter Letzt, als Schlaftrunk, wieder ein Glas,
auch wol mehrere, oder viele, Bordeaux bei Grodemange.
Von Tag zu Tag auf's Sterben wartend, lebte der
Mensch eigentlich ganz erträglich, sogar vergnüglich,
stellenweise vorzüglich. Es hatte sich ein hübscher Kreis
von Decameronegästen zusammengefunden: Professoren
der Universität und der Akademie, Aerzte, Advokaten,
Officiere, Künstler, die sich, da alle Geselligkeit in
Privathäusern aufgehört, in öffentlichen Localen trafen,
wenn auch nicht zu so anmuthiger und heiterer Unter=
haltung wie die florentinischen Originale, so doch zu
recht anregendem Austausch von Gedanken, Anschau=
ungen, Erfahrungen, zumeist auf dem täglichen Schlacht=
felde gesammelt. Mir zunächst stand, am treuesten zu

mir hielt Otto von Schorn, der mir in späteren Jahren zu Weimar, als Secretär der dortigen Kunstschule, wiederum begegnete. Gar manchen Abend waren wir zwei die einzigen Besucher der „Galerie Noble", eines immensen Raumes im ersten Stock des Hoftheaters, während das Parterre ebenso wüst und leer uns an= gähnte und in den Logen die zurückgelassene Diener= schaft der Herrschaften es sich wohl sein ließ. Hinter dem Vorhang, hinter den Coulissen ging es ebenso still und gedrückt zu; es standen auf dem Theaterzettel in der Regel mehr Kranke als Mitwirkende verzeichnet, einmal siebzehn Namen, und ich erinnere mich eines Abends, an welchem nach fünfmaliger Abänderung des Repertoires keine andere Vorstellung zu bewerk= stelligen war, als, mit Hilfe des unverwüstlichen Klee= blattes: Frau Diez, Herr Christen, Herr Sigl und einiger Nebenpersonen, „Das Versprechen hinter'm Heerd" und „Der Freiherr als Wildschütz". So ge= schehen, Sonntag, den 10. September 1854, — an einem Sonntag obendrein, und genau zwei Monate nach dem Beginn des Gesammtgastspieles!

Bis dahin war von den ersten Mitgliedern des Hoftheaters noch kein Opfer gefallen. Allein auch ein solcher Verlust sollte uns nicht erspart werden. Don= nerstag, den 14. September, um halb vier Uhr in der Frühe verschied „nach kurzem Leiden" wie die Todes=

anzeigen euphemistisch zu sagen pflegten, unsere ausge=
zeichnete Coloratur=Sängerin Henriette Rettig, als
„Jettel“ in und außer dem Hause populär, nachdem
sie Freitag, den 8. September noch „bei festlich be=
leuchtetem Hause, zur Feier des Allerhöchsten Namens=
festes Ihrer Majestät der Königin“ die Martha ge=
sungen hatte. Das traurigste Galatheater, dem ich
jemals beigewohnt. Dienstags, in später Abendstunde,
ließ die Unglückliche mich bitten, zu ihr zu kommen.
Ich fand sie vollkommen bei Besinnung und auf das
sichtlich nahe Ende wunderbar gefaßt. Sie übergab
mir die Schlüssel zu den Schränken und Schatullen,
worin ihre Baarschaft, ihr Schmuck, ihre Werthpapiere
aufbewahrt wurden, weil sie keine Angehörigen in der
Nähe hatte; ihr Bruder, ein geistlicher Herr aus dem
Piaristenseminar in Kremsier, war wol herbeigerufen
worden, aber noch nicht eingetroffen. Darauf dankte
sie mir mit rührenden, mehr gehauchten, als gesprochenen
Worten für den letzten Liebesdienst, für alles Gute,
was ich ihr erwiesen, und umarmte mich — zum Ab=
schied auf ewige Zeiten. Ich weiß zur Stunde nicht,
wie ich die Treppe hinuntergekommen, von der Eises=
kälte der blauen Lippen bis in’s tiefste Herz durch=
schauert. Der Krankenwärter, der mir leuchtete, mußte
mich stützen. Er sah mich bedenklich von der Seite
an und brummte, während er die Hausthür hinter

mir zuschloß: „Hätten auch was G'scheidteres thun können, als daher kummen."

Mittwoch blieb ich, „ahnungsgrauend, todesmuthig" im Bett liegen, auf die Cholera wartend. Daß ich sie kriegen würde, kriegen müßte, davon war ich fest überzeugt; Jakob und Rieke bestärkten mich in dem frommen Glauben durch die Versicherung, ich hätte sie bereits, oder sie mich. „Gnä' Herr müssen schwitzen", — „Allsoglei' an Kamüllenthee!" — Sofort wurden ein ganzes Magazin wollener Decken, alle erreichbaren Federpolster, die Roßhaarmatratze aus dem vacanten Bett meiner Frau auf mich geworfen, Kamillenthee in den allopathischesten Dosen gebraut, das Quartier energisch mit Chlor durchräuchert, wie ein verseuchtes Spital. Die nächste natürliche Folge dieser höchst rationellen Heilmethode war bei den behandelnden Volontärärzten ein ausgiebiger Thränenstrom, bei dem verehrlichten Patienten ein Stickhusten, in dessen Ausbruch Freund Pfenfer einfiel, von dem verzweifelten Theaterdiener in Eile heraufbeschworen. Wie er pflegte, führte er sich bei der Thür schon mit einem wohlthätigen Scherz ein. „Endlich", rief er aus, „endlich einmal wieder ein sauberer Husten! Jetzt empfangen Einem im Krankenzimmer viel unhöflichere Laute!" Dann, beim Anblick des monumentalen Familienbegräbnisses, unter welchem ich ruhte, schlug er ein ho=

merisches Gelächter auf und sagte: „Da fehlt blos oben drauf die Bäuerin." — „Wie so die Bäuerin?" (Mit kläglicher Stimme.) — „Nun, wenn bei uns im Gebirg der Bauer sich zum Schwitzen legt, wird er ebenfalls mit sämmtlichem Bettgewand des Hofes zugedeckt, und die Bäuerin darüber gebreitet. Damit riß er die Hüllen meines Leichnams weg, die sorgsam verschlossenen Fenster auf, die Glockenschnur fast entzwei. „Sie haben," sagte er zu mir, unter unauslöschlichem Lachen sich schüttelnd, „so wenig die Cholera, wie ich die Schwindsucht. Jakob, ziehen Sie Ihren Herrn an, so leicht wie möglich. Und Sie, Freund, stehen auf und frühstücken wie gewöhnlich. In einer Stunde komm' ich wieder und hole Sie ab. Wir fahren noch Schleißheim. Es scheint, daß auch in der Gemäldegalerie die Cholera ausgebrochen ist. Ich muß hinaus; Sie begleiten mich. Ihnen fehlt Nichts als frische Luft und einige Zerstreuung. Sollten Sie, unvorsichtiger Weise noch eine Flasche von dem weißen Portwein übrig haben, welchen Sie bei Ihrem letzten Ausstellungsdiner uns vorgesetzt haben, so nehmen wir sie mit. Draußen wird gespeist, Abends zum Renz gegangen, nicht in's Theater. Detur, signetur: Nach Bericht zu nehmen. Auf Wiedersehen!"

Unterwegs hielt mir mein herrlicher Pfeufer eine fulminante Strafpredigt. Mit der Beredtsamkeit des

Raisonneurs aus der Molière'schen Komödie setzte er aus einander, daß mein Pflichtgefühl eine Thorheit sei, daß ich hier nichts nützen könne, wol aber mich auf= reiben werde, wenn ich fortfahre, dem Beichtvater und dem Todtengräber in's Handwerk zu pfuschen, daß in der jetzigen Theatermisère meine Schreiber und meine Regisseure auch ohne den Intendanten das Deficit fertig brächten, daß ich, meinen Urlaub im Sack, auf und davon gehen müßte, je eher, desto besser, nach Ischl zunächst, um meine Frau zu besuchen, dann aber durch's Salzkammergut, so weit und so hoch meine langen, trägen Beine mich trügen. „Den ganzen Tag in der frischen, freien Bergluft. Jeden Abend ein anderes Nachtquartier. Jeden Morgen eine neue Umgebung. Nur fort von hier, und wehe Ihnen, wenn Sie eine Stunde früher zurückkehren, als bis ich Sie gerufen habe."

An demselben Tage, fast in derselben Stunde, da das arme Jettel begraben wurde, Sonnabend, den 16. September, fuhr ich im Salzburger Eilwagen durch's Isarthor hinaus, in den goldenen Sommer= sonnenschein, in die strahlenhelle, flaumenleichte Frei= heit hinein. Unterwegs begegnete mir ein artiges Abenteuer, mit dessen Erzählung ich dies farbige, aber schwarz geränderte Blatt aus meinem Stammbuche beschließen will.

Auf der Landstraße zwischen Salzburg und Ischl, einem reizenden Wege, für mich mit immergrünen Erinnerungen eingefaßt, stieß ich zusammen mit einer Kalesche, welche ich aus der Ferne schon als ein Inventarstück unserer königlichen Remisen erkannte. Dieselbe flog eine der zahlreichen Steigungen der Straße herab, während mein landesüblicher Einspänner hinaufkroch, aus dem ich, mit einem mitleidigen Blick auf das „Roß“, ausgestiegen war, gemächlich hinterdrein schlendernd. „Ecco, il signor Intendente“, rief mich eine Stimme aus der Kalesche an, da sie vorübersauste. Und heraussprang: Luigi Tambosi, das Factotum des Königs Max, das Haupt der Familie Tambosi, die zu der zahlreichen italienischen Colonie in München gehörig, in dem Caféhaus unter den Arcaden des Hofgartens und im Buffet des Hoftheaters in Erbpacht ansässig war. Woher? Wohin? Wie steht es in München? Wie geht es unseren Herrschaften? So kreuzten sich unsere Fragen. „Sie kommen hinter mir“, meldete Signor Luigi, „von einem Besuche bei den österreichischen Majestäten in Ischl zurückkehrend.“ Noch ein kurzer Jammer über die schweren Zeiten daheim, und die Kalesche flog, der Einspänner kroch in entgegengesetzter Richtung weiter.

Auf der nahen Station, vor dem Posthause zu Hof, gerieth ich denn richtig in die königliche Wagen-

burg hinein, die dort Halt gemacht hatte, des Pferde=
wechsels wegen. König Max, in der Uniform seines
österreichischen Regiments, und Königin Maria, im
Lilla=Seidenkleid, mit einem weißen Hut, saßen neben
einander im Coupé. Die Hofdame, Baronin Gumppen=
berg, hatte ihren Wagen verlassen und erging sich auf
dem Kirchhof, der dem Posthaus gegenüberliegt, in zeit=
gemäßem Studium die Inschriften der Leichensteine ent=
ziffernd. Die Dienerschaft, lauter bekannte Gesichter,
umringte mich grüßend, fragend, staunend, während die
Dorfjugend, eben aus der Morgenschule entlassen, sich
schau=gierig herandrängte.

Ihre Majestät die Königin gewahrte mich, und
nachdem ich ehrerbietig gegrüßt, winkte mich Seine
Majestät an den Wagen heran. „Sie sind hier,“ sagte
er in gnädigem Tone, „also geht's im Theater besser.“
Ein Wort, das mich für manche sorgenvolle Stunde
belohnte. „Majestät,“ war meine Antwort, „ich habe
Wort gehalten. Es ist nicht geschlossen worden.“ —
„Ich dank' Ihnen,“ versetzte König Max, indem er
mir aus dem Wagenschlag die Hand reichte. Es war
das erste Mal und das letzte Mal im Leben. Darauf
mußte ich berichten, wo eigentlich nicht viel zu berichten
war, und das Wenige ebenso unangenehm zu melden,
als zu hören. Der Monat August hatte — zum ersten
Male seit meiner Intendanz, — keine Novität gebracht,

der September bisher eine, „die Waise von Lowood", — die ich noch vor meiner Abreise in Scene gesetzt. In der Oper wurden die Proben zu den „Lustigen Weibern von Windsor" auf die traurigste Weise unterbrochen, durch den Tod der Rettig. Meine Absicht, die Labda= kiden=Trilogie zu wiederholen, hatte ich aufgegeben, weil auf der Probe des ersten Stückes, „König Oedipus", die Exposition, — das wehklagende Volk vor dem Palast zu Theben — alle Beschäftigten durch die furchtbaren Vergleiche mit der Wirklichkeit zu tief erschütterte. „Sie haben Recht gehabt," nickte König Max, „und namentlich Recht gethan, daß Sie gegangen sind, wozu Sie ja längst befugt gewesen. Sie sehen angegriffen aus. Erholen Sie sich bei den Ihrigen. Bleiben Sie aus, so lange Sie wollen, und auf dem Rückweg be= suchen Sie uns in Berchtesgaden." Königin Marie brach aus dem großen Strauß Alpenrosen, der vor ihr im Wagen hing, eine Blume ab, die sie mich meiner Frau bringen hieß mit einem Gruß von ihr. Mittler= weile waren die Pferde gekommen, die Postillons auf= gesessen, in rothen Staatsjacken, hohe Federbüsche auf den blanken, silberbetreßten Hüten; noch ein freundlicher Gruß, und der stattliche Zug setzte sich in Bewegung, eingehüllt in aufwirbelnde Staubwolken, begleitet von den Zurufen der in hellen Haufen zusammengeströmten Ortsbewohner. Die Hörner bliesen das wohlbekannte,

alt=österreichische Stückl, das, ach! auf unvergeßlichen
Fahrten, meine Frau so oft mitgesungen:

> Ich fahr', ich fahr', ich fahr' auf der Kaiserpost;
> Spann mir sechs Schimmel ein,
> Laß mein Herz Postknecht sein, —
> Ich fahr', ich fahr', ich fahr' auf der Post!

III.

Der Anfang des Endes.

Um die Mitte der fünfziger Jahre war die Fremden-
Colonie dergestalt an Zahl gewachsen, im Bestande be-
festigt, daß sie als eigenes Element in der Bevölkerung
gelten durfte, als solches auch bereits sich wirksam erwiesen hatte. Die meisten der neuen Ankömmlinge
gruppirten sich um die Universität: Liebig, der Che-
miker, — Jolly, der Physiker, — Siebold, der Zoo-
loge, — Bischoff, der Anatom und Physiologe, —
Pfeufer, der Therapeut, — Sybel, der Geschichtsschreiber,
nach seinem frühen Abgang ersetzt durch Giesebrecht, —
die Culturhistoriker Riehl und Löher, — Bluntschli,
der Staatsrechts-Lehrer, - Carrière, der Philosoph
und Kunsthistoriker, — der Pandektist Windscheid, —
also Männer aller wissenschaftlichen Fächer und aller akademischen Facultäten, mit Ausnahme der theologischen.
Der ehrwürdige Thiersch, der beinahe um fünfzig
Jahre früher, gleichfalls in Folge einer königlichen Berufung, nach München gekommen war und die Reform
der Gelehrtenschulen in Baiern gegen vielseitige An-
fechtungen durchgesetzt hatte, verhielt sich zu dem

jüngeren Ansiedler=Geschlechte wie ein Patriarch). Er pflegte, wenn die Rede auf die Kämpfe zwischen Alt= münchen und Neumünchen gerieth, sein dichtes, schnee= weißes Haar aus dem Nacken zu streichen und zum Beweise, daß damals noch mit ganz anderen Waffen gefochten wurde als mit Zungen und Federn, auf eine breite Narbe zu zeigen, welche ihm als Andenken an einen nächtlichen Mordanfall zurückgeblieben war. Zwei wackere Söhne Vater Thierschens, der eine ein berühmter Chirurg geworden, der andere Maler, schlossen sich naturgemäß dem Kreise Neumünchens an. Von Dich= tern besaß derselbe ein glänzendes Vierkleeblatt: Geibel, Heyse, Bodenstedt, Schack; dann und wann hospitirten Zuzügler von draußen, oder auch eingeborene, wie Her= mann Lingg, welchen Geibel auf dem deutschen Parnaß eingeführt, Melchior Meyr, Julius Große. Ein ein= ziger Autochthone, er aber ein urwüchsiges, echt= und altbaierisches Talent, Poet und Professor zugleich, Franz von Kobell, ward als Ausnahme völlig heimisch unter uns Fremden, wie wir es in seinem Hause wur= den, das eine liebenswürdige Frau und drei holde und kluge Töchter schmückten. Auch aus König Ludwig's Künstlerkreis trat nur Einer, der größte freilich, Wil= helm Kaulbach, offen und entschieden zu uns herüber, während andere, Schwind, Voltz, Rugendas, Kreling, Teichlein, Seybert, nur vereinzelt und gelegentlich eine gesellige Gastrolle gaben. Am nächsten hielt sich noch Ernst Förster, mit welchem ich mich später im Verwaltungsrath der deutschen Schillerstiftung oft und gern wieder zusammenfand. Im Uebrigen blieb Neumünchen in gesellschaftlicher Richtung so ziemlich auf sich allein angewiesen und, bis auf die officiellen, so zusagen obligatorischen Begegnungen in den Salons der Aristokratie und der Diplomatie, von Altmünchen streng abgesondert. Ein einziges Haus, das der Grafen Tascher de la Pagerie, selbst fremden Ursprungs und darum neutraler Boden, machte zu Gunsten der Fremden eine Ausnahme; aber der Windstoß des zweiten Empire trug dasselbe aus der Prannerstraße plötzlich in die Tuilerieen, wo ich nach Jahr und Tag dessen Herren und Damen in ansehnlichen Stellungen am Hofe der ihnen nahe verwandten Napoleoniden, aber ebenso heiter und herzlich wie an unseren Münchener Abenden, wiedersah. Die Paläste der bayerischen Standesherren und des einheimischen Adels, ebenso die Häuser des Beamten- und des Bürgerstandes sind den Einwanderern, die auf König Maximilian's Ruf herbeigeeilt, verschlossen gewesen und geblieben, — wenigstens so lange, wie ich mit ihnen in München verweilte. Später hat wol Einer oder der Andere in der dortigen Scholle Wurzel gefaßt; aber die Mehrzahl ist, sei es nach kürzerem, sei es nach längerem Aufenthalt, wieder davongegangen, so daß heute, nach Verlauf von zwanzig Jahren, der ganze, in seiner Zusammensetzung so interessante Kreis für aufgelöst gelten kann, obgleich der Tod verhältniß= mäßig nicht viele der bedeutungsvollen Namen aus= gelöscht. Sind die Uebriggebliebenen verschmolzen mit dem allerdings merklich veränderten heutigen München, dem gegenwärtigen Bayern? Haben die Folgen des Siebziger Jahres allseitig verwirklicht, was seit Be= ginn der Fünfziger von einer Seite her angestrebt worden? Ich weiß es nicht. Aber ich erinnere mich nur, daß, als ich in den Zeitungen las, König Ludwig der Zweite habe Namens der Reichsfürsten die deutsche Kaiserkrone dem König von Preußen dargeboten, das Bild meiner Münchener Vergangenheit in eigenthüm= licher Beleuchtung wieder vor mir auftauchte. Quan= tum mutatus ab illo!

Wenn ich jetzt, durch eine lange Reihe von Win= tern gereift und bereift, durch schwere Erfahrungen zwar weder müde noch mürbe gemacht, wol aber mild im Urtheil gegen Andere und streng gegen mich, — wenn ich jetzt mich auf's Gewissen frage, wer oder was die traurige Kluft zwischen Altmünchen und Neu= münchen verschuldet hat, so kann ich keinen Theil un= bedingt anklagen, keinen unbedingt freisprechen. Mich selbst eingeschlossen. Gastfreundschaft gegen Fremde, entgegenkommende Höflichkeit im geselligen Verkehr,

freiwillige Theilnahme an wissenschaftlichen oder künst=
lerischen Bestrebungen, Versuchen, Neuerungen, alle
diese Eigenschaften liegen bekanntlich nicht im ange=
borenen Stammcharakter des Altbayern. Er neigt
vielmehr zum Particularismus, zur Abgeschlossenheit
gegen außen, entschiedener noch als sein Nachbar gen
Westen, der Schwabe, und in diesem Bezuge fast ein
Gegensatz zu dem Nachbarn gen Osten, dem Oester=
reicher, welcher zuthunlich, neugierig, empfänglich für
fremde Einflüsse und Erscheinungen ist, welcher den
Begriff des Fremden eigentlich gar nicht kennt, da sein
ganzes Volksthum einer Völker=Mosaik, seine Reichs=
Hauptstadt einer internationalen Redoute gleicht. Dem=
nach war es nicht zu verwundern, daß die öffentliche
Stimmung in München zu den Berufungen des Königs
Max sich von vorn herein kühl, mißtrauisch, ablehnend,
im besten Falle gleichgültig verhielt. Sie soll bei der
Ankunft der Maler, Steinmetzen und Bildhauer, die
König Ludwig herbeizog, nicht wärmer sich betheiligt
haben, obwol deren Thätigkeit der Residenz unmittel=
bare Vortheile versprach. Daß die berühmten neuen
Lehrer einhundert Studenten mehr nach München zogen,
als vor ihnen schon anwesend waren, ohne Lieblinge
der Bevölkerung geworden zu sein, wie in kleinen
Universitätsstädten, — daran lag der Münchener Bür=
gerschaft blutwenig, der Münchener Gesellschaft gar

nichts. Welche Aufnahme würde ein Mann wie Liebig — von Paris und London zu geschweigen, — in Berlin gefunden haben, wo, und das nicht blos seit heute, sondern seit geraumer Zeit, die „Fürsten der Wissenschaft" in der Gesellschaft rangiren, bei Hof ausgezeichnet werden, Gemeingut des Volkes sind, an welchem jeder Eckensteher sein eigen Theil hat! Ob ein solcher in Wahrheit stolz ist auf „seinen" Humboldt, oder nur „dicke mit ihm thut", — das kommt in der Wirkung auf Eins hinaus. Für die Wissenschaft erweist sich der Berliner Boden als entschieden günstig; viel weniger für die Kunst. Weder Cornelius noch Rückert hat sich in demselben acclimatisirt, und selbst echte Berliner Pflanzen, Meyerbeer und Mendelssohn, gediehen besser in der Fremde als daheim. Ein dunkles Capitel in der Völkerpsychologie, der Widersprüche und der Räthsel voll, dieses Capitel der internationalen Wahlverwandtschaften und Wechselwirkungen in der geistigen Atmosphäre, welches seines Lazarus noch harrt.

Jn München kam zu angeborenen Abneigungen und Stimmungsverschiedenheiten noch ein wichtiges Moment: das confessionelle. Der Ultramontanismus hat seiner Zeit in Bayern schärfer und strenger regiert als der Clericalismus in Oesterreich. Es war mehr als zufällig, daß nicht in Wien, sondern in München das wissenschaftliche Hauptquartier der Partei aufge-

schlagen war, die „historisch=politischen Blätter", aus
welchen die populären Zeitungen, nicht blos in Bayern,
sondern auch in Tirol, am Rhein, im Münsterlande
ihre Directive, Waffen und Munition empfingen.
Grundsätzlich schaltete und waltete die kirchliche Politik
Metternich's milder, als diejenige Abel's, welcher jene,
bewußt oder unbewußt, durch Experimente, gleichsam
in anima vili, diente. Da nun die Mehrzahl der
Maximilian=Colonie zum Protestantismus sich be=
kannte, — nicht Einer freilich zum streitbaren Mucker=
thum, — und außerdem von jenseits der Mainlinie
ihre Abstammung herleitete, so wurden wir insgesammt,
von vornherein als Preußen und als Ketzer angesehen,
mithin zur Minorität gezählt, als Opposition gehaßt.
Daraus flossen Conflicte, die wir keineswegs heraus=
forderten, denen wir aber auch nicht ausweichen durften.
die wir ausfechten mußten, wollten wir nicht uns
selbst und unserer Aufgabe untreu werden. Dafür nur
ein paar Beispiele aus meinem besonderen Wirkungs=
kreise, dem Theater.

„Nathan der Weise", den das Wiener Burgtheater
seit einem halben Jahrhundert gibt, mit verhältniß=
mäßig geringen Auslassungen, stand auch in München
nicht auf dem Index, wol aber bei Hof und bei der
Curie in üblem Geruch, als ein antikatholisches Stück,
eine Apotheose des Judenthums. Bei König Max,

dessen methodische Denkweise sich gern an Kategorien, an geflügelte Worte hielt, hatte man, wie die Minna von Barnhelm als ein „Preußenstück", so den Nathan als ein „Judenstück", oder auch als „die Komödie des religiösen Indifferentismus" zu discreditiren gewußt. Dies Vorurtheil, das sich für ein Urtheil ausgab, konnte mich nicht abhalten, für den Tag der Eröffnung der Industrie=Ausstellung, Sonnabend, 15. Juli 1854, „den mit falschen Ringen handelnden Hebräer" (dritte Variante der Inquisition), auf das Repertoire zu setzen. Ich dachte dabei an keinerlei Demonstration gegen die Widersacher; Lessing's Meisterwerk schien mir durch seinen Charakter reinster Humanität und kosmopolitischer Universalität eben auf diesen Tag zu passen. So drang ich denn auch in höchster Instanz damit durch, daß „Nathan" stehen blieb; aber, um den frommen Seelen wenigstens ein Zugeständniß zu machen, — der König neigte, seiner Natur nach, zu Compromissen, — mußte das Bild des Patriarchen, welchen unser Jost in aller= dings grellen Farben und scharfen Zügen, aber un= gemein wahr und wirksam darstellte, wesentlich ab= getont werden, in der Maske, im Accent, im Vortrag. Darauf dann großes Ach und Weh über mich in den Coulissen und im liberalen, im eigenen Lager.

Laube's Lustspiel „Roccocco" war von mir zur Aufführung angenommen worden, nachdem dasselbe im

Burgtheater, mit Dawison in der Rolle des Abbé, nicht nur Zulaß, sondern Erfolg gefunden; freilich nicht auf die Dauer, und unter Dissens und Protest der allarmirten oder allarmirenden Zionswächter. Nach Gewohnheit machten letztere von Wien aus einen Heiden= lärm, der die guten Christen in München selbstver= ständlich schwer beunruhigte. Das königliche Mini= sterium für Cultus und Unterricht nahm davon Anlaß, die Intendanz zu interpelliren, und diese, — es war in den Honigmonaten meiner Ehe mit der Bühne, — antwortete in einem Ton, der ebensowenig berechtigt wie schicklich war, obgleich ich, unter keiner Censur des Staates oder der Kirche stehend, formell die Be= fugniß hatte, jede Intervention von der einen wie von der anderen Seite abzuweisen. Nun entspann sich eine gereizte Correspondenz zwischen Minister Ringelmann und mir, die keinen anderen Erfolg in der Sache hatte, als den leicht vorauszusehenden: das Stück wurde durch königlichen Cabinetsbefehl verboten. Daß ich als Erwiderung darauf die Cabinetsfrage stellte, er= wähne ich hier nur, um zu beweisen, wie — grün ich dazumalen noch gewesen bin. Ich erhielt darauf von oben gar keine Antwort, wol aber eine zornige Straf= predigt von Dönniges, dem König Max mein Ent= lassungsgesuch mitgetheilt hatte, während ich dasselbe ohne Wissen des Freundes eingereicht. „Merken Sie sich," so schloß er, „daß unser Einer seine Entlassung niemals gibt; daß er sie sogar nicht annimmt, wenn sie ihm gegeben werden will. Sie wissen ja, was Goethe, Ihr Goethe gesagt hat: Eine Schanze ist nur ein Haufen Dr—; aber der Soldat vertheidigt sie mit seinem Leben, weil seine Fahne darüber weht. So sprach er, der große Goethe, vom kleinen Weimarischen Theater. Das Münchener Theater ist Ihre Schanze. Darauf todtschießen lassen dürfen Sie sich; sie verlassen, nicht. Ihr Gesuch ist zu Ihrem Personal=Act gegeben worden. Nun kann es geschehen, daß man, über Jahr und Tag, wenn Sie gar nicht mehr daran denken, zu gehen, ja wenn Sie um jeden Preis bleiben möchten, daß Sie alsdann gegangen werden, daß man Sie gehen heißt, unter Anknüpfung an Ihre jetzige Uebereilung. Noch einmal: Wir stehen hier auf Posten, Sie, ich, wir alle; vielleicht auf verlorenem Posten. Aber des ungeachtet: Ein Hundsfott, wer ausreißt!" Darauf antwortete ich ungefähr in gleichem Tone, so daß wir hart aneinander geriethen, Dönniges und ich, auf acht Tage sogar auseinander. Doch kostete es Kaulbach nicht viel Mühe, uns auszusöhnen.

Für den Abend des Fronleichnamstages, des höchsten Festes im katholischen Kirchenjahr, hatte ich, vom Anfang meiner Intendanz an, Meyerbeer's Propheten angesetzt und wiederholt gegeben. Die Oper war neu, glänzend ausgestattet, gut besetzt und also sicher, ein übervolles Haus zu machen, selbst unter Aufhebung des Abonnements. Daran dachte ich zunächst, genöthigt auf reiche Einnahmen in erster Linie zu sehen, hingegen entfernt nicht an ein Aergerniß, welches aus dem Umstande erwachsen könnte, daß die Abendprocession auf der Bühne an die Morgenprocession auf der Straße allenfalls erinnerte. Die ultramontanen Blätter ermangelten nicht, diese Aehnlichkeit mit augenscheinlicher Gehässigkeit aufzustechen, die „Judenoper" gerade an diesem Tage heftig zu perhorresciren und deren Wahl als eine grobe Tactlosigkeit zu verdammen, welcher nur ein protestantischer Intendant sich schuldig zu machen im Stande sei. Die Folge einer solchen Agitation, so durchsichtig die Absicht auch am Tage lag, war abermals ein Verbot, gegen das ich vergeblich mich wehrte. Mein Vorschlag, das Hoftheater am Fronleichnamstag zu schließen, wie es in Oesterreich Sitte ist, wurde abgelehnt. Gespielt mußte werden, nur der „Prophet" durfte es nicht sein. Eine abermalige öffentliche Niederlage also, abgesehen von dem nachweisbaren Verluste, welchen die Theatercasse erlitt, von der Schädigung des Ansehens der Intendanz und von der Verdächtigung ihrer Gesinnungen gegen das Publicum.

Wer wüßte nicht aus eigener Erfahrung oder ver-

möchte es nicht nachzuempfinden, daß solche unaus=
gesetzte Angriffe und Verfolgungen mit Nadelstichen
böseres Blut machen, als offener Kampf, sei's auch auf
Tod und Leben? Zumal wenn sie aus der Oeffentlich=
keit in das Innere des Hauses dringen, von sachlichen
Interessen in giftige Persönlichkeiten abschweifen! Bei
Liebig war einmal während der Fastenzeit Nachts ge=
tanzt worden; ein paar Tage darauf brachten die
Zeitungen die gehässigsten Denunciationen dieses Frevels.
Eine Landpartie auf Leiterwagen, die wir aus der
Sommerfrische in Tegernsee in das nahe Bad Kreuth
gemacht, gab Veranlassung zu der Anklage: Das wilde
Heer der „Fremden“ habe die Ruhe der Kranken ge=
stört, die, so zu sagen, doch Gäste des Prinzen Karl
seien, als des hohen Eigenthümers von Bad Kreuth.
Ein Revolver=Journalist der niedrigsten Gattung ver=
unglimpfte die weibliche Ehre meiner Frau in seinem
Sudelblatte, und als ich die einzig mögliche Genug=
thuung an ihm genommen durch einige Streiche mit
meinem Spazierstöckchen, verfolgte der Staatsanwalt
durch drei Instanzen diesen Act strafbarer Selbsthilfe,
den ich, allerdings wohlfeil genug, durch dreitägigen
Polizeiarrest abbüßen mußte. Keine Gelegenheit, zu
schaden, zu necken, zu reizen, ließen die Gegner un=
genützt vorübergehen; fehlte es daran, so ward der
Anlaß vom Zaun gebrochen. Der „Volksbot“ sammelte

einmal für einen Kirchenbau oder irgend ein anderes frommes Werk; siehe da, unter den Sprüchlein, welche die Beiträge begleiteten, fanden sich die erbaulichen Versus memoriales:

A duobus D. (Dönniges, Dingelstedt)
Et ab uno T (von der Tann)
Libera nos, Domine!

Zum Teufel! Wir Alle waren ja längst über die Flegeljahre hinaus, in welchen Uebermuth für Muth gilt, und die Rauflust des ehemaligen Corpsburschen juckte nur Einen oder den Anderen unter uns zeitweise in der Faust. Allein zu verwundern ist's denn doch am Ende nicht, wenn uns die Geduld zuweilen riß und wir auch einmal dreinschlugen durch gesunde, wohl= gezielte Seitenhiebe: in unseren öffentlichen Vorlesungen in Liebig's Hörsaal, durch einen gewürzten Trinkspruch bei irgend welchem Zweck= oder Festessen; durch gelegent= liche Expectorationen im Salon; niemals aber mit den Waffen unserer Gegner, anonym in der Tagespresse, niemals durch Reclamationen und Recriminationen an oberster Stelle, niemals durch Ausschreitungen in unserer eigentlichen, amtlichen Wirksamkeit. Immer und überall standen wir unseren Mann, zahlten wir mit unserer Person. Hätten wir aber nicht im Grunde ein Recht gehabt, zu klagen, Schutz zu suchen für uns und die Unsrigen, an denjenigen zu appelliren, der uns gerufen?

Niemand von uns allen war als Bewerber, als Bitt=
steller nach München gekommen. Sichere Stellungen
aufgebend, dem Worte des Königs vertrauend, nahmen
wir an, was uns geboten wurde: für einen bestimmten
Lohn eine bestimmte Arbeit. Das bayrische Brot,
welches wir aßen, — oft genug ist es uns vorgeworfen
worden, — wir haben es verdienen müssen, und was
wir daneben bedurften (denn der Mensch lebt nicht vom
Brot allein), ging aus dem Eigenen. Und den Boden,
den wir urbar machen sollten, zog man uns, sammt
unserer bürgerlichen Existenz, unter den Füßen weg.
Nein, nein! Es war ein harter, ungleicher Kampf, in
dem keine Seite ohne Schuld, aber auch keine Seite
Sieger geblieben, und nicht alle Wunden aus dem=
selben sind vernarbt. Noch bluten manche von ihnen
nach, obgleich ein Vierteljahrhundert darüber hin=
gegangen, und nicht in mir allein.

König Maximilian blieb neutral. Konnte er,
durfte er anders? Auch er mag der bitteren Stunden
viele gehabt, sich oftmals Zwang genug auferlegt haben,
um das Gleichgewicht in seinem Inneren und nach
Außen aufrecht zu erhalten. Ihm war es voller,
heiliger Ernst mit seinen Absichten auf Förderung der
Wissenschaften und der Dichtkunst in seinem Reich,
seiner Hauptstadt. Die Stiftung der historischen Com=
mission, die Ausschreibung von Preisen für die Lösung

wissenschaftlicher Aufgaben, auch eines für das beste Schauspiel, Subventionen für die Drucklegung kostspieliger Werke, der großartig gedachte Plan des Maximilianeums, die Fürsorge für Archive, Sammlungen, Denkmäler, die Restauration des Residenztheaters, — das sind lauter Acte eines echten, eines augusteischen Herrschersinnes, dem ein offener Blick und eine offene Hand gleicher Maßen zu Gebote gestanden. Das persönliche Bedürfniß des Königs, sich selbst mit ausgezeichneten Dichtern und Gelehrten zu umgeben und einen anregenden Verkehr mit ihnen zu pflegen, — wirklich ein Bedürfniß, nicht blos ein äußerlicher, zur Schau getragener Schein oder eine effectvolle Decoration, — stand unzweifelhaft zurück hinter dem allgemeinen, dem öffentlichen Interesse. Wo seine eigene Person in Frage kam, pflegte König Max mit gewissenhaftester Unparteilichkeit zu verfahren, Gnaden und Auszeichnungen auf der Goldwage, nach allen verschiedenen Seiten gleich, zuzumessen und sich, namentlich in Conflicten, vollkommen zurückzuhalten. Ueber die Einladungen zu den sogenannten „Billard-Abenden", — zwanglose Herren-Gesellschaften in den Privatgemächern des Königs, wo Gespräche wissenschaftlichen Inhalts geführt, dann und wann kurze Vorlesungen eingestreut, nebenbei auch Cigarren geraucht und nach des Königs frühzeitigem Rückzuge kurze Soupers eingenommen wurden, — führte der König eigenhändig Buch, wie der jüngste der Stammgäste, Paul Heyse, den jedesmaligen Gesprächsstoff in protokollarischen Niederschriften für Se. Majestät aufzubewahren hatte. Die Dichter von Gottes Gnaden erschienen immer bei diesen, wenigstens einmal wöchentlich veranstalteten „Symposien"; die Gelehrten nach einer bestimmten Reihenfolge, gelegentlich auch mit Elementen aus Alt-München gemischt; endlich „meine Wenigkeit" in äußerst seltenen Ausnahmefällen, im Ganzen drei oder vier Male in sechs Jahren. Man hatte dem König begreiflich gemacht, daß ich nicht als Dichter an seinen Hof berufen worden sei, sondern als Theater-Intendant, und daß die Vorstände der übrigen Stäbe und Intendanzen mein Heranziehen zu den Billard-Abenden übel vermerken müßten. So blieb ich denn weg, und um die ängstliche Unparteilichkeit auch in dieser Richtung zu documentiren, wurde in den paar Ausnahmsfällen unmittelbar vor oder nach mir der Hofmusik-Intendant Graf Pocci eingeladen. Dieselbe Gerechtigkeit ward geübt bei Verleihung des Maximilians-Ordens, welchen König Max im Jahre 1853 an seinem Geburtstage, 28. November, mit zwei Classen, für Wissenschaft und Kunst, gestiftet hatte, vielleicht nach dem Vorbilde der Friedensclasse, die König Friedrich Wilhelm IV. dem Orden pour le mérite unlängst hinzugefügt. Wenn man die

Münchener Namen abzählt, die das erste Verzeichniß,
Regierungs-Blatt vom 28. November 1853, enthält,
so stehen Alt-München und Neu-München fast arith-
metisch gleich, und zwar ebensowol unter den Dichtern,
wie unter den Gelehrten.

Bei dieser Gelegenheit sei eines schönen Wortes
des Königs Max gedacht. Uhland war, so zu sagen:
selbstverständlich, für den Maximilians-Orden in Vorschlag gebracht worden. Der König äußerte das Bedenken, ob nicht der Dichter, nachdem er sich weit links
engagirt und im Stuttgarter Rumpfparlament gesessen
habe, ablehnen werde; doch unterzeichnete er bereitwillig
das Diplom. Uhland lehnte wirklich ab. In einem,
übrigens durchaus verbindlichen Privatbriefe an mich,
der ich ihn zu seiner Ernennung beglückwünscht hatte,
wendete er ein, daß er unlängst den preußischen Orden
pour le mérite nach Berlin zurückgeschickt habe und
nun, um nicht inconsequent und zugleich unartig zu
erscheinen, mit dem Maximilians-Orden ebenso verfahren müsse, den er, unter anderen Umständen, zuver-
lässig und gern angenommen haben würde. Damit
König Max auf die officielle Ablehnung vorbereitet
werde, erhielt ich den wenig dankbaren Auftrag, Se.
Majestät zu präveniren. Ich that es, an demselben
Abend, an welchem ich Uhland's Schreiben empfangen,
während ich den König in das kleine Interims-Theater

im Odeon einführte. Er blieb stehen, sah mich lächelnd an und sprach in völlig ruhigem Tone: „Sie sehen, Herr Intendant, daß Vorurtheile nicht allein bei uns Fürsten zu Hause sind." Daß er mich mit meinem Titel anredete, statt, wie gewöhnlich, beim Namen, war das einzige Zeichen einer leisen Verstimmung, die sich übrigens weder gegen Uhland noch gegen seine Münchener Freunde wendete. Im Gegentheil, und höchst bezeichnend für des Königs Sinnesart: nicht lange danach fragte er mich, wie ich über die Aufnahme des Schauspiels von Uhland „Ludwig der Bayer" in unser Repertoire denke? Die Aufführung des Stückes schwebte ihm vielleicht vor als eine königliche Duplik auf die Replik des Dichters. Ich rieth ab, überzeugt von der Erfolglosigkeit des Versuches.

Um die Mitte der fünfziger Jahre begann die Wendung einzutreten, welche, im Anfang langsam, dann — genau nach den Gesetzen des Falles, — mit verdoppelter Geschwindigkeit, die Auflösung der Colonie Neu-Münchens herbeiführen sollte. Das erste Opfer war Dönniges, ich das zweite. Natürlich. Wir standen am meisten ausgesetzt, er auf seinem politischen Posten, ich im offenen Feldlager des Theaters, während die Dichter verhältnißmäßig die am wenigsten angefochtenen blieben, und die Gelehrten in ihrem Katheder einen festen Boden unter den Füßen hatten. So namentlich

Liebig, den kein Sturm und keine Wühlerei von seiner sicheren Höhe herabzuwerfen vermochte, obwol er seinen Grundsätzen und seinem Streben niemals etwas vergab, Mißbräuchen, wo er sie fand, schonungslos entgegentrat, Reformen durchsetzte in der Universität wie in der Akademie, und bald auch Resultate erzielte: zum Beispiel in der jährlichen Wahl des Rector magnificus, aus welcher eines schönen Tages, zu aller Welt Erstaunen, ein homo novus hervorging, Jolly. Dönniges war in die Dienste des Königs Max gekommen, da dieser noch als Kronprinz in Bamberg residirte. Von ihm stammte die seiner Zeit viel besprochene Denkschrift gegen die Jesuiten in Bayern, welche unter dem Ministerium Abel dem König Ludwig vom Kronprinzen vorgelegt worden war. Nächst Wendland, später bayerischem Gesandten in Paris, galt Dönniges für den vertrautesten Rathgeber seines Herrn. Obwol geborener Preuße, — irr' ich nicht, sogar ein Pommer, — bekannte er sich nicht zu der Lehre von der preußischen Spitze in Deutschland, auch nicht zu dem unitarischen Programm des jungen National-Vereins. Seine Politik gipfelte in der Trias-Idee, die, vielleicht ganz, gewiß zum großen Theil sein Werk, in den Dresdener Conferenzen durch ihn lebhaft vertreten wurde. Auch später, in den Bamberger Conferenzen, versuchte er aus den deutschen Mittelstaaten eine dritte

Macht im Bundestage zusammenzusetzen, die, zwischen Oesterreich und Preußen gestellt, in kritischen Fällen den Ausschlag gebend, von großer Bedeutung gewesen sein und namentlich Bayern zu solcher verholfen haben würde. Dies sein Adoptiv=Vaterland liebte Dönniges wirklich und warm; er glaubte an eine hohe Sendung, eine schöne Zukunft Bayerns in und mit Deutschland. „Oesterreich die Zölle und den Handel, — Preußen das Heer und die Vertretung nach Außen, — Bayern Wissenschaft und Kunst": so theilte er, wenn wir dann und wann aus Bowlen= und Cigarrendämpfen politische Gesichte lasen, die Rollen aus in dem welt=historischen Drama, dessen Exposition sich eben vorbereitete, während die Peripetie und die Katastrophe, die er als Zuschauer aller= dings noch erlebt hat, aber nicht mehr mithandelnd, ganz anders ausgefallen sind, als er es sich gedacht. Was er im Cabinet des Königs schrieb und trieb, war gewiß ebenso oft bayerische Politik wie persönliche Politik des Königs Max, welche beide Dönniges sich nicht getrennt denken konnte. Des ungeachtet aber begab es sich, und das nicht selten, daß diese Politik sich im Widerspruch befand mit der= jenigen, welche das Staatsministerium am grünen Sitzungstisch machte und vor den Kammern vertreten mußte. Daher denn die Mißverständnisse, die Hetzereien, die stillen Intriguen, die offenen Kämpfe, und endlich der Zusammensturz einer Stellung, die in ihrer Unverantwortlichkeit freilich wider alle conſtitutionellen Uſancen verſtieß, aber doch des Guten viel vermittelte und erſchuf. Dieſe Stellung zu regulariſiren, zu corri= giren, dadurch, daß Dönniges aus dem Dienſte des Königs in den Staatsdienſt, in das Miniſterium, gar an deſſen Spiße getreten wäre, — daran dachte er ſelbſt niemals, bei allem Ehrgeiz und Wirkungsdrang, die ihm eigen. Es war auch undenkbar.

Da wir im Herbſt 1855 aus den Sommerferien nach Hauſe und wieder zuſammen kamen, fehlte Einer in unſerem Kreiſe, der Mittelpunkt: Dönniges. Er war in's Exil gegangen,. geſchickt worden und hatte ſich, in einen loſen, wol nur der Form zu Liebe er= fundenen Zuſammenhang mit der bayeriſchen Geſandt= ſchaft zu Turin gebracht, in Nizza niedergelaſſen. Dort fand ich ihn noch drei Jahre ſpäter, in einem weit= läufigen, unheimlichen Hauſe, dem letzten in der rue de France, am Saume der Stadt, zwiſchen Meer und Gebirge gelegen. Auf dem flachen Dache des Stein= hauſens hatte er ſich eine primitive Sternwarte gebaut und betrachtete durch eine alte lederne Hutſchachtel, welcher der Boden ausgeſchnitten worden, den Voll= mond.

Von Nizza war damals Dönniges, nach kurzer Raſt, von innerer Unruhe getrieben, nach Sardinien gegangen, das claſſiſche Verbannungsland in alter

Römerzeit. Aus Sassari schrieb er mir, am 19. Fe=
bruar 1856, einen langen Brief, der zwar noch nicht
ganz mittheilbar ist, aus dem ich aber, als höchst
charakteristisch sowol für die Situation wie für die
Personen, einige Stellen hier wörtlich einrücke.

„   Allerdings war dieses Jahr, 1855, ein
sehr schweres für mich, und ich kann mich noch immer
nicht trösten, aus dem Kreise meiner Freunde und aus
meinem alten Verhältnisse geschieden zu sein, nach denen
ich mich manchmal, trotz aller Freuden der göttlichen
Natur und des wundermilden Klimas hier sehr — sehr
zurücksehne. Bisweilen will es mir scheinen, als wenn
eine einzige mündliche Unterredung mit Sr. Majestät
Alles ausgeglichen hätte, indessen ich konnte keine
Schritte weiter thun, als ich gethan habe. Ich habe
versucht, Sr. Majestät in meiner letzten Eingabe alles
Bittere zu nehmen, was die Sache für ihn haben
konnte. Sollte meine Entfernung, wie ich aus anderen
Freundesbriefen schließe, wirklich als die Entfernung
eines Hindernisses angesehen werden, so bleibt Sr.
Majestät stets der königliche Ausweg, mich anderweitig
angemessen zu beschäftigen und mich dann zurückzurufen,
wann es an der Zeit erscheint.“

„Was mich am meisten hier aufrichtet, ist die
Gewißheit, daß meine Freunde mich nicht vergessen
haben. Ich lebte ja doch nur in den Intentionen, die

ich für die des Königs nehmen mußte, in meinen Freunden, in der Natur und in meiner Familie. An= ders werde ich nirgends leben, wo ich auch sein werde. Nur den Gedanken mag ich nicht aufgeben, daß ich noch immer Vieles zum Ruhme, zum wahren Ruhme des Königs in Deutschland und selbst in Europa hätte beitragen können. Denn selbst hier in Italien, hier in dieser unbekannten, halb barbarischen Insel habe ich Leute getroffen, die schon etwas von dem aufblühenden Leben in Bayern vernommen hatten. Meine Freunde in Turin können die Sache gar nicht begreifen, um so weniger, da man in Italien, namentlich in Piemont am geringsten Schen vor der ultramontanen Partei hat. Nirgendwo hat das Concordat Oesterreichs Oesterreich so viel geschadet als in Italien selbst.“

Mit dem einen D war man also fertig geworden. Nun kam die Reihe an das zweite. Das dritte, das harte T, hat sich härter, besser gehalten.

Für mich stand die Gnadensonne des Roi Soleil im Zenith zur Zeit des Gesammtspiels. Licht und Wärme hielten sogar noch ein ganzes Jahr vor, bis zum Herbst des kritischen 1855. Da trat die erste Verfinsterung ein, fiel der frostige Frühreif eines Aller= höchsten Signates, welches der Intendanz, statt der bisher üblichen huldreichen Anerkennung, das Befremden Sr. Majestät aussprach über die ungünstigen Resultate

des Verwaltungsjahres 1854 auf 1855. Dasselbe, be=
ginnend am 1. October 1854, wies zum Schlusse,
1. October 1855, zum ersten Male seit meiner Ver=
waltung, ein Deficit auf, den Passivrest von Gulden
19,985 8¼ Kreuzer Reichswährung. Im Vorjahre
konnte durch den Reinertrag des Gesammtgastspiels
der Ausfall an den Einnahmen während der Cholera=
monate August, September 1854 noch gedeckt und ohne
Deficit abgeschlossen werden. Im Jahr 1854/55 aber,
welches, eben der Cholera wegen, anfing mit dem Weg=
fall des, für die Theatercasse sehr fruchtbaren October=
festes, darauf in Folge Ablebens der Königin Therese
einen vierzehntägigen Theaterschluß brachte und durch
die lange Hoftrauer den Theaterbesuch während des
ganzen Winters empfindlich beeinträchtigte, kam, was
kommen mußte: das Gleichgewicht zwischen Einnahmen
und Ausgaben, nicht ohne Mühe so lang aufrecht er=
halten, war gestört, das Deficit da, und mit demselben
der Punkt, an welchem der Hebel zu meinem Sturz
erfolgreich eingesetzt werden konnte.

König Max hatte, wie die meisten großen Herren,
von dem wahren Werth des Geldes keinen rechten Be=
griff. Ich habe erfahren, daß er dreitausend Gulden
Jahresgehalt für einen ersten Schauspieler eine enorme
Summe fand, wogegen ihn die Forderungen unter=
schiedlicher Projectemacher und Phantasie = Architekten

für die Restauration des sogenannt alten Residenz=
theaters, auch wenn sie sich bis zur Höhe einer halben
Million verstiegen, nicht im Mindesten erschreckten.
Ein Deficit von zwanzigtausend Gulden ihm als etwas
Unerhörtes darzustellen, war keine Kunst, obwol in
Wahrheit bei einem Jahresbudget von nahezu 230,000
Gulden, — so hoch hatte ich es von übernommenen
200,000 Gulden gebracht, — und in einem, von tausen=
derlei Zufälligkeiten abhängigen schwankungsreichen
Haushalt, wie er im Theater natürlich ist, der Ausfall
von 20,000 Gulden fast ein verschwindender genannt
werden kann. Abgesehen davon, daß, wenn irgendwo,
gewiß hier der Fall einer höheren Gewalt, so zu sagen
eines Elementar=Schadens, vorlag, und daß durch den
bestimmten Befehl, unter allen Umständen das Theater
offen zu halten, meine persönliche Verantwortlichkeit
gedeckt sein mußte. Alle diese Momente hatte ich in
meinem Jahresberichte klar dargelegt, zur Erläuterung
der Sache, nicht zu einer Rechtfertigung meiner Person,
deren ich nicht zu bedürfen glaubte. Umsonst. Das
befremdende „Befremden“ kam schwarz auf weiß. Es
verdroß mich tief. Ich hatte meine Schuldigkeit ge=
than, vielleicht mehr als sie; auch in meinem Finanz=
Exposé, das nichts vertuschte, bemäntelte, schönfärbte,
verschleppte. Der Ausweg lag ja nah genug, und er
wurde mir von zweifelhaften Freunden noch näher ge=

legt: die unbezahlten Rechnungen einstweilen secretiren, auf ein kommendes Jahr übertragen, durch geschickte Ziffern-Gruppirung einen Abschluß erzielen, der nicht einmal als ein geradezu falscher erscheinen konnte. Dieser heimlichen Falle wich ich aus, fiel aber in die offene Grube hinein. Der König, von Natur ohne jede Ader von Geiz, war in seiner Hofhaltung von peinlichem Ordnungssinn, den liebedienerische Spar-meister in seiner Umgebung zu benützen wußten, um sämmtliche Stäbe und Intendanzen mit einer eisernen Elle zu controliren, zu corrigiren, zu terrorisiren. So klang denn jedes allerhöchste Signat, auch das schmeichel-hafteste, immer aus in den Refrain: „Aber mehr gebe Ich nicht; unter keiner Bedingung!" Nun war aller-dings eine Dotation des Theaters mit jährlichen 78,000 fl., — neben 76,000 fl. für die Hofcapelle, welche unter einer eigenen Intendanz ressortirte, — im Verhältniß zu einer Civilliste von nicht ganz fünf Millionen jährlich, an sich genug, in des Königs Augen sogar viel, und doch in der That und in der Sache zu wenig. Denn diese Dotation, seit dreißig Jahren die-selbe geblieben, hatte sich entwerthet und abgenützt, wie jedes Capital im Geschäft sich abnützt, und reichte, gegenüber den in fortwährendem Steigen begriffenen Ansprüchen, die von allen Seiten an das Theater ge-macht wurden, nur unter der Voraussetzung aus, daß auch deſſen eigene Hilfsquellen, die Einnahmen ſich ſteigern und auf einer vergleichsweiſe ungewöhnlichen Höhe erhalten ließen. Trat darin ein Rückgang oder ein Stillſtand ein, ſo war das Deficit da, unvermeid= lich, unabwendbar, in Dauer oder gar Wachsthum unabſehbar.

Dieſen Zuſtand dem König und ſeinen Rathgebern ausführlich, ziffermäßig, unverhüllt darzulegen, ſchickte ich im October 1855 meinem Rechenſchaftsbericht für 1854/55 eine umfangreiche Denkſchrift nach, illuſtrirt durch die ſauberſten, ſorgfältigſten ſtatiſtiſchen Tabellen, worin das Budget des königlich bayeriſchen Hof= und National=Theaters von Anno 1800 bis — zum Wendepunkt des Krebſes, 1855, mit der behaglichen Breite und untrüglichen Sicherheit eines engliſchen Lord=Schatzmeiſters vorgelegt und erläutert wurde. Ich beſitze ſie noch, dieſe Denkſchrift, die mein Teſta= ment geworden iſt. Manche liebe (das heißt: nicht liebe) Nacht habe ich daran gearbeitet, meinen braven Vater, damals noch am Leben, ſegnend, wie ich ihn ſeither oft im Grabe geſegnet habe. Er zwang mich in meiner grünen Gymnaſiaſtenzeit, ſeine Kämmerei= rechnungen der Stadt Rinteln und der Kloſtervoigtei Möllenbeck abzuſchreiben, gegen ein Honorar von zwei Heſſen=Albus ($1\frac{1}{2}$ guten Groſchen) per Bogen, die Belege zu ordnen, die Bilance zu ziehen, „immer hübſch

Zahl unter Zahl." — „Denn du kannst nicht wissen, Franz," setzte er hinzu, „wozu du es 'mal im Leben brauchst. Der Mensch lernt nichts umsonst; das merke dir." Und wenn ich mich in einem Einnahme= oder Ausgabe=Titel vergriffen, in der Numerirung der Be= lege geirrt, einen falschen Abschluß gemacht, so wurde das große, mit Linien und Ziffern bedeckte Blatt vor meinen überquellenden Augen ruhig zerrissen, mit den sanften Worten: „Na, nun fang' von vorne wieder an, bis du's trifffst"   Guter, lieber, strenger Vater! Wie tief habe ich dich gehaßt in solchen Augen= blicken, wo mein ganzes Herz brannte nach dem Ivanhoe, dessen vorletztes Heft ich, in einer scheußlichen Ueber= setzung und noch scheußlicheren Ausgabe auf Löschpapier in kaffeebraunem Umschlag in der Brusttasche meines verwachsenen Alltagsrockes trug, einen heimlichen Schatz, für dessen Genuß ich mir die Minuten stehlen mußte!

Ja, so   ich besinne mich. Ich stehe ja nicht in den zwanziger Jahren, sondern in den fünfzigern, in der Denkschrift des verhängnißvollen 55. Aber, ohne Ruhm zu melden, vortrefflich war sie, diese Denk= schrift. Jahr für Jahr, durch mehr als ein halbes Säculum, hatte ich Einnahmen, Ausgaben, Abschlüsse verzeichnet und namentlich bei denjenigen kritischen Stellen, wo, damals schon, und zwar wiederholt, ein Deficit herausgekommen war, mit dem Zaunpfahl darauf hingewinkt, daß in solchen Fällen bald die Staatscasse, bald die Cabinetscasse Seiner Majestät zu außerordentlichen Zuschüssen sich herbeigelassen. Einmal, nach dem Theaterbrande im Jahre 1823, steuerte sogar der Magistrat der Stadt München volle 80,000 Gulden zur Ausstattung des von ihm erbauten Hauses und zur Beschaffung der Garderobe. Dergleichen Hin= weise auf rühmliche Beispiele der Vergangenheit er= schienen mir heilsam, wenn nicht gar nöthig. Was aber durchaus nicht nöthig, vielmehr überflüssig, also vom Uebel gewesen, waren die Fingerzeige auf die Zukunft. Die Denkschrift zeigte dieselbe in einer keineswegs rosigen Perspective, demonstrirte durch un= geschickte Probabilitäts=Berechnungen, daß von nun an das Deficit zur Regel, somit entweder eine Erhöhung der Subvention oder ein regelmäßiger Beitrag des Staates, der Stadt, der Prinzen des königlichen Hauses zur Theatercasse gefordert werden müsse, wenn die Hofbühne nicht herunterkommen und zu dem finanziellen Bankerott ihren künstlerischen fügen solle. Dieser Schuß ging über sein Ziel hinaus; abgesehen davon, daß ich, wie schon die nächste Folgezeit nachwies, zu schwarz gesehen, oder zu schwarz gemalt hatte. Vielleicht beides. Der König fühlte sich beunruhigt, faßte Mißtrauen. Nun hatten meine Gegner gewonnenes Spiel.

Die Denkschrift ging ab, und — ohne Antwort

ad acta. Das beredte Schweigen verdroß mich noch tiefer, als das ausgesprochene „Befremden". Ich kam, fest und entschieden auftretend, mit dem Ansuchen ein: aus der Cabinetscasse Seiner Majestät das Deficit von 20,000 Gulden zu decken, das nun einmal vor=handen sei, unverschuldeter Weise, wie nachgewiesen worden, und gedeckt werden müsse, um nicht, nach der unwürdigen Gepflogenheit in früheren Fällen von Jahr zu Jahr sich fortzuschleppen und die ganze Gebahrung der Rechnung zu alteriren. — Nein. — Also wenigstens ein unverzinslicher Vorschuß aus Allerhöchster Cabinets=casse, in der Höhe jenes Betrages, rückzahlbar in fünf Jahren. — Nein. — Mit jeder neuen Note wurde der Ton schärfer; das Echo auch. Endlich, nach fast sechs=monatlichem Hin= und Herzerren, am 15. März 1856, genehmigte Seine Majestät: „daß die Hoftheater=Casse zur Deckung der Zahlungsrückstände des Etatsjahres 1854/55 ein Anlehen von 20,000 Gulden bei der Nürnberger Bank aufnehme, verzinslich mit $3^0/_0$, in fünf Jahren rückzahlbar."

Das hieß: Theater, hilf dir selbst. Und es hat sich geholfen. Aber dem Intendanten war nicht mehr zu helfen. An des Märzen Idus, mit derselben Feder, welche das Allerhöchste Anlehens=Signat unterzeichnete, wurde der erste Dolchstoß auf den unglücklichen Bühnen=Cäsar geführt. Doch war es ihm, — leider, leider, —

nicht beschieden, auf der Stelle zu fallen und, sein
Antlitz vor den wohlbekannten, zu spät erkannten
Casca's oder Brutussen schmerzlich verhüllend, am
Fuße der Bavaria malerisch niederzugleiten. Er sollte
stückweise verenden, fast noch ein volles Jahr zwischen
Leben und Sterben ein elendes Dasein fristen
Allein, die lehrreiche Geschichte dieses traurigen Finales
gehört nicht mehr zum „Anfang des Endes"; sie bil=
det ein eigenes viertes Münchener Bild, einstweilen
das letzte meiner Galerie, „das Ende des Anfangs".
Hier möchte ich nur, wie man auf dem Höhepunkt
der Straße, nicht am Abgrunde, die Warnungstafel
aufstellt mit der Inschrift: „Radschuh oder Strafe",
vorgreifend, mit der Grabschrift schließen, die mir
mein lustiger Freund Glaßbrenner seiner Zeit gesetzt:

Merkt es euch, ihr Geibel, Heyse, die der Wind beliebig dreht,
Hofgunst ist ein Dingel-, das auf einem schwachen Boden - steht.

IV

Das Ende des Anfangs.

„Mittwoch, den 28. November 1855: Bei festlich beleuchtetem Hause, zur Feier des Allerhöchsten Geburts= festes Seiner Majestät des Königs, zum ersten Male: Der Sturm, Schauspiel in drei Aufzügen von Shakespeare; Uebersetzung von Schlegel, Bearbeitung und Einrichtung von Franz Dingelstedt, Musik von Wilhelm Taubert."

Dieser „stürmische" Abend war der letzte Lichtblick in meinem Münchener Hofleben. König Max, seit ge= raumer Zeit einmal wieder zu vertraulichem Zwiesprach aufgelegt, nachtwandelte mit mir nach beendigter Vor= stellung noch eine halbe Stunde lang im Wintergarten. Er hatte, wie er bei besonderen Anlässen pflegte, vor= her über das Stück gelesen, was ich ihm an Commen= taren und Monographieen zusammengestellt: Gervinus, Ulrici, auch das Curiosum einer englischen Broschüre, die mir, sammt Titel und Namen des Verfassers, ab= handen gekommen. Darin wurde der Sturm für eine politische Tendenzschrift erklärt, eine Satire auf absolu= tistische Regierungen und Usurpationen; wunderliches

Zeug, wie es unlängst in einer unglaublichen Fortsetzung des „Sturm" durch Ernst Renan aufgetaucht ist, der in seinem Caliban die republikanische oder demokratisch=socialistische Staatsform personificirt oder persiflirt. Ich schüttelte den Kopf zu einer solchen Auslegung, die den König, seiner grübelnden Natur gemäß, nachhaltig an=geregt hatte, und konnte im Original=Sturm nichts Anderes finden, als eine dramatische Robinsoniade, wie sie dem Zeitalter der Weltreisen und Entdeckungen nahe gelegen war. Wollten und mußten durchaus tief ver=grabene Beziehungen gefunden werden, so dachte ich nur an eine: die persönliche des Dichters zu seinem Werke. Shakespeare nahm als Prospero Abschied vom Theater, das ja auch ein Zauber=Eiland ist. Ueber dem ganzen Stück liegt ein wolkenschwerer, wetter=schwüler Himmel mit prachtvollen Farbenspielen und Beleuchtungs=Effecten. Die Sonne neigt sich zum Untergange. In weiter, weiter Ferne sind verschwun=den der frische Frühlingsmorgen der ersten Lustspiel=Schöpfungen, der vollreife Mittag der Historien und der Tragödien. Die Weltanschauung des Dichters hat sich getrübt, seine Kraft erschöpft. Es wird Abend, ein ruhiger Abend nach dem Sturm.

In ruhiger Harmonie verklang auch die Unter=haltung im Wintergarten. Der König entließ mich, nachdem er die Aufführung beifällig anerkannt hatte, die es verdiente, und ebenso meine Bearbeitung, die es nicht verdiente[1]), mit den Worten: „Die heutige Vorstellung hat Mir Freude gemacht. Sie war ein werthvolles Geburtstagsgeschenk.“

Kaum war ich zu Hause angelangt und hatte mir's bequem gemacht, um den „Sturm“ vor mir selbst Revue passiren zu lassen und zu spät zu sehen, (— die Verzweiflung jedes gewissenhaften Theaterdirectors! —), wie es hätte sein müssen, so schreckte mich und die Familie ein scharfer Zug an der Hausglocke auf. Als später Besuch stellte sich Herr Luigi Tambosi ein mit der Meldung: Seine Majestät habe, meinem Antrag entsprechend, dem Capellmeister Taubert aus Berlin,

---

[1]) Das soll keine falsche Bescheidenheit sein; weiß ich doch, daß ich es nachmals in Weimar besser gemacht habe, am besten in Wien. Ich steckte bei dem Münchener Versuche, einem meiner ersten Shakespeare-Revivals, noch tief im Ballet- und Opern-Beiwerk. Die Exposition, das herrliche Gespräch an Deck des Königsschiffes, war ersetzt durch ein Paradestück des Malers und des Maschinisten, mit Orchestermusik, der Ariel in eine singende und eine recitirende Person gespalten, die Nixenwirthschaft, mit Versenkungen und Wolkenflügen überladen, ungebührlich in den Vordergrund geschoben. Dagegen hielten sich, auf einem vollkommen neuen Boden, meine Leute prächtig: Dahn als Prospero, Marie Dahn-Hausmann als Miranda, Straßmann als Ferdinand, und das humoristische Kleeblatt, Lang als Caliban, Christen als Trinculo, Jost als Stephano; Franz Seitz nicht zu vergessen als poesievoller Costümezeichner.

der seine Musik zum „Sturm" persönlich dirigirt hatte, das Ritterkreuz erster Classe des Verdienstordens vom heiligen Michael verliehen, und theile mir zuerst diese erfreuliche Nachricht mit. Meinen Dank und eine, vielleicht einigermaßen censurwidrige Rede meiner Frau, die mit Signor Luigi angelegentlichst italienisch zu plaudern pflegte, schnitt der feine Königsbote mit dem Troste ab: „Quando vengo la prossima volta, sarà per il Signor Intendente; mà sicuramente!" Guter Luigi, du wußtest recht gut, besser und eher als ich, was von da droben für mich unterwegs war!

Und doch habe ich zu keiner Zeit fleißiger gearbeitet, sorgfältiger verwaltet, ängstlicher gespart, auch niemals mehr erzielt an finanziellen und an artistischen Resultaten, als in den letzten zwei Jahren meiner Münchener Intendanz, 1855, 1856. In der That ward mir denn auch die Genugthuung, meinen Rechenschaftsbericht für das Jahr 1855/56 wiederum mit einem Ueberschuß (von 5336 Fl. 16½ Xr.) abzuschließen. Ich glaube fast, daß ich naiv genug gewesen bin, eine Zeit lang anzunehmen, mit dem Grund meines Sturzes den Sturz selbst beseitigt zu haben. Als ob das famose „Deficit", welches eine stehende Rubrik in allen feind= lichen Mäulern und Preßorganen geworden war, nicht blos der Vorwand gewesen, das Mittel zum Zweck: ein Intendantenwechsel um jeden Preis, auf jedem

Wege! Einmal angelangt auf der gewissen „schiefen Ebene", glitt ich unaufhaltsam, mit wachsender Geschwindigkeit niederwärts, dem Abgrunde zu. Was mir ein Anhalt schien, wonach ich im Triebe der Selbsterhaltung, im verzweifelten Ringen um's Dasein krampfhaft griff, ein Stein rechts, ein Busch links, das erwies sich nach dem Naturgesetz solcher Krisen als ein Anstoß, meinen Fall beschleunigend.

„Hurtig mit Donnergepolter entrollte der tückische Marmor", und riß mich durch sein Gewicht unwiderstehlich fort, so daß ich noch froh sein mußte, nicht unter der Last begraben zu werden, ich und die Meinigen, schuldlose Opfer, welche in mein Verhängniß mit hineingezogen wurden

Ein solcher Stein des Anstoßes war „Tanhäuser". Die Oper, bisher in München nicht gegeben, versprach ein Cassenstück ersten Ranges zu werden; sie hielt auch Wort, denn sie wurde in einem halben Jahre, von Mitte bis Ende 1855, neun Male aufgeführt, darunter acht Male mit erhöhten Preisen, — für München ein außerordentlicher Erfolg. Kaum war die Absicht, sie in das Repertoire aufzunehmen, in die Oeffentlichkeit gedrungen, so erhob sich der Widerspruch, die Denunciation: „Der königlich-bayerische Hoftheater-Intendant gibt ein Werk des Social-Demokraten, des Revolutionärs, des rothen Republikaners, Richard Wagner!" Einer der gesinnungstüchtigen Zionswächter verstieg sich sogar in das hochpoetische Gleichniß: Der Orpheus, welcher im Dresdener Mai=Aufstande durch sein Saitenspiel Barri= kaden gebaut, der landesflüchtige Verbrecher, er findet Unterstand in einem Kunsttempel des Königs von Bayern, des nahen Anverwandten des Königs von Sachsen, an welchem sich der in contumaciam ver= urtheilte Sträfling durch den schnödesten Undank ver= gangen. In's Zuchthaus zu Waldheim gehört er, nicht in das Münchener Opernhaus. So lauteten die Anklagen, und die Nutzanwendung blieb natürlich nicht aus: daß dergleichen ungeheuerliche Tactlosigkeiten nicht Wunder nehmen konnten, da ja in dem kosmopolitischen Nachtwächter ein Parteigenosse Wagner's an der Spitze des bayerischen Hoftheaters noch immer sein Unwesen treibe. Ja, ja, — so wurde geschrieben und geschrieen, gedruckt und gedrückt, Monachi Monachorum, im Jahre des Heils 1855, genau zehn Jahre vor dem Regierungs= antritte Richard's, des dermaligen Markgrafen von Bayreuth. Mir blieb Nichts übrig, als den Hand= schuh aufzunehmen, um einem Verbote zuvorzukommen. Ich that es, indem ich bei König Max einfach auf die Thatsache hinwies, daß Wagner's Opern im Dresdener Hoftheater unbeanstandet gegeben würden. Darauf löste der König den Knoten mit einem seiner in Lapidar= schrift gefaßten Urtheile: „Wir wollen nicht sächsischer

sein, als der König von Sachsen." Tanhäuser ging
in Scene, zum ersten Male am 12. August 1855. Es
war ein heißer Schlachtabend, ungefähr mit demselben
Heiden= und Höllen=Lärm, der im Theater seit fünfzehn
Jahren überall an der Tagesunordnung ist, wo eine
neue Offenbarung der Zukunftsmusik zur Welt kommt.
Aber der Sieg verblieb ihr; als merkwürdigster Trophäe
desselben erinnere ich mich des Moments, da Franz
Lachner, nach minutenlangem donnerndem Hervorrufe,
auf der Bühne erscheinen mußte, trotz begreiflichen Zö=
gerns und Widerstrebens — mußte, um den Löwen=
antheil des Orchesters sichtbarlich in Empfang zu neh=
men. Der Napoleons=Kopf des berühmten General=
Musik=Directors, mit der, bei der Hitze des Tactirens
in die Stirn fallenden Haarlocke und dem willensstark
hervortretenden Kinn, hat mir niemals mehr den Ein=
druck eines Jupiter tonans gemacht, als da Lachner
für Wagner dankte.

Noch ein Stein des Anstoßes: Señora Pepita de
Oliva. Wie ich ihn niederschreibe, den damals so oft
genannten, so laut gejauchzten, jetzt längst verschollenen
Namen, steht sie leibhaftig vor mir, die wunderbar
schöne Spanierin, höre ich, — aber wie deutlich! —
das trockene, scharfe Rasseln der Castagnetten, womit,
noch in der Coulisse, die Klapperschlange ihr Erscheinen
ankündigte. Nun schießt sie heraus, stellt sich eine

volle Minute regungslos hin, aus den üppigen Hüften hoch aufgebäumt, weit rückwärts gebogen, daß die dichten schwarzen Haare fast den Boden fegen, und stürzt dann vor, ihre Vampiraugen jedem einzelnen Zuschauer in's Hirn bohrend, mit den kleinen, spitzen, weißen Zähnen des halb geöffneten Mundes sich fest einbeißend in alle Männerherzen, die ihr in höchster sinnlicher Wallung entgegenklopfen. Was sie tanzte, ihre Madrileña, ihr Ole, ihre Linda Gitana, das war ja alles Nebensache; die Person allein wirkte, galt, zog. Diese Straßentänze, als Soli aufgeführt, hatten eigent= lich, von dem künstlerischen Werthe ganz abgesehen, gar keinen Sinn, wiefern jeder Nationaltanz wenigstens ein Paar, wenn nicht eine Gruppe, erheischt. Aber Pepita tanzte allein; ihr Partner war das Publicum. Darin lag der Reiz, darin der Erfolg. Ich hatte sie auf einer Streife nach geldbringenden Gastspielen in Braunschweig gefunden und auf dem Flecke engagirt; freilich nicht ohne Gewissensbisse. Als ich den Ver= trag unterzeichnete, glaubte ich die blauen Augen und das blonde Haupt meiner Freundin Lucile Grahn vor mir zu sehen, wie sie mich kopfschüttelnd und vor= wurfsvoll anblickte. Sie hatte Recht: Pepita gehörte nicht auf ein künstlerisch geleitetes Hoftheater. Aber verfolgte mich denn nicht das Gespenst des lumpigen Deficits? Suchte ich nicht, gieriger als je ein wälscher

Impresario gewesen, leidenschaftlich wie ein Alchymist, nach Gold, nur Gold, immer Gold, um meine verfallene Seele loszukaufen? Nun, Pepita brachte mir Gold; aber um hohen Preis. In einem Augsburger Blatte blitzte zuerst, noch ehe sie kam, der meuchlerische Schuß auf: daß nur ein „Fremder" dem Bayernlande das Herzeleid anthun könne, durch eine spanische Tänzerin zu erinnern an — Lola Montez. Die Kugel saß. Dies Mal durfte ich nicht an König Max appelliren, durfte auch er mich nicht decken, seinem Vater gegenüber. Da faßte ich mir ein Herz, nahm eine Privat=Audienz bei König Ludwig. — der, wie ich aus eigener und fremder Erfahrung wußte, Vieles hören konnte, weil er Alles sagte, — und trug ihm offen den heiklen Fall vor, mich bereit erklärend, dem spanischen Gast abzusagen, wenn Seine Majestät sich irgendwie unangenehm berührt fühlte. König Ludwig ließ mich nicht ausreden; er überschüttete meine wohl=gesetzte Entschuldigung durch eines seiner bekannten, charakteristischen Gelächter, „Tempi passati, mein lieber Intendant," rief er mir in's Ohr und setzte, mich beim Frackkragen fassend, ein paar geflügelte, eigentlich: ge=salzene Worte hinzu, die sich, wie so vieles Gute in dieser schlechten Welt, leider, leider, der öffentlichen Wiederholung entziehen. Mit einem Freibriefe für Pepita in der Tasche, verließ ich, nach einer Unter=

redung von einer vollen Stunde, das Wittelsbacher
Palais. Pepita durfte kommen. Pepita kam, zu zwei
längeren Gastspielen, eines im Anfange, eines zu Ende
des Jahres 1855, und machte nicht blos München toll,
sondern auch die ernste, ehrbare Nachbarstadt Augs=
burg, wohin Pepita ebenfalls gesprungen war. Bis
auf die Zirbelnuß auf ihrem stolzen Rathhause drehte
sich Augusta Vindelicorum mänadisch mit, und die
Mägde an den schönen Brunnen der leeren Maximilian=
straße, deren melancholisches Rauschen sonst nur schlaf=
trunken vom Kaiser Karl und vom Fugger erzählt, sie
phantasirten, Brunnen und Mägde, von der spanischen
Zauberin. Mein, in der Moral und in der Kritik
gleich strenger Freund Altenhöfer schrieb in der majestä=
tischen Allgemeinen einen dithyrambischen Artikel: „Noch
einmal sie!“ Pepita hatte gesiegt, Tanhäuser hatte ge=
siegt. Noch ein paar Pyrrhus=Siege solcher Art, und
ich war verloren. Ich fühlte, wie ich hinabglitt, hinab,
hinab

Den letzten Stoß gab mir „der Fechter von Ra=
venna“. Heute, nach zwanzig Jahren und darüber, ist
es verdammt leicht, über den „Bacherl=Scandal“ vor=
nehm lächelnd die Achsel zucken, als über eine be=
deutungslose Alltagsposse. Wer darin mitgespielt hat,
ob handelnd, ob leidend, oder wer als Zuschauer sich
erinnert, wie tief und nachhaltig das Theater, die

Preſſe, die Geſellſchaft, über Deutſchland hinaus, durch die cause célèbre Jahre lang aufgeregt, in Parteien zerriſſen, in Leidenſchaft entzündet wurden, der weiß und wird es nie vergeſſen, daß das unfläthige Satir=ſpiel nach einer echten, edlen Tragödie durchaus nicht lächerlich und kindiſch war, daß ſeine Leitmotive hinter den Couliſſen, ſeine Wirkungen jenſeits des Theaters lagen. Dieſer Umſtand und die Rolle, welche dem Intriguenſtück in meinem Leben zugefallen, mögen hier ein näheres Eingehen rechtfertigen.

Julie Rettich brachte mir Anfang Juli 1854 zum Geſammtgaſtſpiel ein Manuſcript mit, welches ſie mit einem tiefen Schleier des Geheimniſſes bezüglich des Dichters und mit einem hohen Nimbus über den Werth des Werkes zu umgeben wußte. Sie hütete ihren Schatz mit einer Treue, einer Feſtigkeit, deren nur ſeelenſtarke Frauen fähig ſind. Die Hand, aus der ich ihn empfing, mehr noch Stil und Tonart der Dichtung wieſen ſofort auf den Urheber hin. Indeß, wär' ich auch neugierig geweſen (was ich von Natur nicht bin, ſo wenig wie argwöhniſch, neidiſch, eifer=ſüchtig), alles Fragen und Forſchen war verboten; ebenſo die Aufführung des Stückes, welches ich gern meiner Bühne unverzüglich gewonnen hätte. Der Vor=gang des Wiener Burgtheaters mußte abgewartet wer=den. Doch durfte ich das Manuſcript behalten, auch

verbreiten durch Vorlesen. Ich las es am Hofe zu Co=
burg, wo Herzog Ernst sich durch den politisch=patrio=
tischen Zug der Dichtung lebhaft angesprochen fühlte,
las es in Augsburg bei Kolb, der vergeblich einen
Artikel für seine Beilage verlangte, las es in München
vor meinen Freunden. Ueberall war der Eindruck un=
verkennbar ein mächtiger, ungewöhnlicher, vielleicht
durch den Reiz der Anonymität verstärkter. Darüber
kam die erste Aufführung in Wien heran, Mittwoch,
den 18. October 1854. Und — sonderbar! — der
Abend entsprach den Erwartungen nicht, ließ wenigstens
keineswegs auf den (wie man heutigen Tages sagen
würde) sensationellen Erfolg des Stückes schließen, der
sich erst aus den weiteren Darstellungen herauswuchs.
Der Besuch soll mäßig, der Beifall kühl und spärlich
gewesen sein. Ich denke mir, daß die „Tendenz" Zeit
brauchte, um durchzudringen; daß die politischen Schlag=
wörter nicht wie Blitze zündeten, sondern wie Minen,
deren Fäden eine Weile lang glimmen müssen, ehe die
Explosion vor sich geht. Aber als nun die Aufführung
in München erfolgte, zum ersten Male Dienstag, den
16. Januar 1855, war der Ruf des „Fechters" bereits
gemacht, und das große, übervolle Haus stand vom
zweiten Aufzuge an hoch und hell in Flammen. Ich
hatte mir, wie früher im Lesezimmer, so jetzt auf der
Bühne, ein Paradepferd in dem Stücke zugeritten und

aufgeputzt. Namentlich Caligula's Hof, weite Prunk= gemächer mit dem Ausblicke in die Kaisergärten, ange= füllt mit allen bekannten und fremdartigen Erscheinungen Urbis et Orbis, durch scenisches Raffinement in steter Bewegung erhalten, brachte die mächtigste Wirkung hervor. Dem Rahmen entsprachen die Bilder: die schöne Damböck das Ideal einer Thusnelda, Straß= mann ein von natürlicher Kraft strotzender Fechter, Haase der geborene Caligula, Dahn ein biderber alt= germanischer Reichsfürst, seine Frau als Blumenmädchen selbst ein stachlichtes Dornröslein. Unsere Darstellung durfte, im Ganzen wie im Einzelnen, sich kühn an die Wiener hinauwagen, und das Stück legte unzweifelhaft von Wien aus, aber auf dem Wege über München, seinen fast beispiellos glänzenden Siegeslauf über alle deutschen, über viele auswärtige Bühnen zurück. Bei uns wurde dasselbe (für ein Trauerspiel ein seltener Erfolg) im ersten Jahre, 1855, sechsmal gegeben, immer anonym.

War es der Glanz, der von der Dichtung aus= strahlte, oder das Dunkel, in welches sich der Dichter consequent einhüllte, was den Raub= und Mordanfall auf Beide veranlaßte? Ich weiß es nicht, weiß mich auch nicht genau des Zeitpunkts zu erinnern, wann derselbe sich ereignete. Doch stand im Winter 1855 auf 1856 der Scandal schon in voller Blüthe, die an zwei Stellen, Wien und München, besonders üppig und giftig ausgebrochen waren. Ein Dorfschulmeister, des Namens Franz Bacherl, wohnhaft in Pfaffenhofen, der Urheber des unsterblichen Verses: „Was sie haben, das wollen sie nicht, und was sie wollen, das haben sie nicht", hatte, erst leise und elegisch, dann, da sein Erfolg wuchs, mit ebenfalls wachsender Dreistigkeit, zuletzt stürmisch und von einem Chor fanatischer An= hänger begleitet, darunter zum Theil Leute des besten Glaubens, gegen einen der anerkanntesten Dramatiker Deutschlands, gegen Friedrich Halm, die Anklage auf Plagiat erhoben. „Der Fechter von Ravenna" sollte entstanden sein aus einem Stücke, das Bacherl zur Bewerbung um einen von der Direction des Burg= theaters ausgeschriebenen Dramenpreis nach Wien ge= schickt hatte; welches Stück von Halm, einem der Preis= richter, gelesen und widerrechtlich für die Fabel, die Charaktere, die Tendenz seiner Dichtung ausgebeutet worden wäre. Das Machwerk Bacherl's wurde als Beweisstück an's Tageslicht gezerrt; eine klägliche Miß= geburt, aber in einzelnen Zügen dem Fechter unleugbar ähnlich. Daß diese Aehnlichkeit ein Spiel des Zufalls sein könne, wurde vergebens von unbefangenen Zeugen des Streites geltend gemacht. Der Stoff des Arminius liegt, so zu sagen, in der Luft, wie unter Anderen auch der arme Conradin; beide sind unzählige Male

dramatisirt worden, und warum sich nicht, durchaus
unabhängig von einander, zwei Dramatiker in dem
gleichzeitigen Griffe nach Armins Sohn und Wittwe
begegnen sollten, deren eine Anekdote im Tacitus er-
wähnt, das ist vernünftiger Weise nicht wohl abzusehen.
Nicht zu reden von der, am Ende keineswegs aus-
geschlossenen Möglichkeit, daß Bacherl, nachdem er einer
Aufführung des Fechters beigewohnt, sein im Wust
alter Manuscripte vergrabenes Product desselben Inhalts hervorgesucht, geändert und für das Prototyp des
Halm'schen Stückes ausgegeben. So etwas zu sagen
und zu denken, erschien Hochverrath. Nein, Bacherl
war nicht der Betrüger, konnte kein Betrüger sein;
Halm, dessen Autorschaft zu transpiriren begann, war
der Dieb, mußte der Dieb sein. Der arme Dorfschulmeister, welcher seine „Theaterstückeln" nach auswärtigen
Zetteln schrieb, — ähnlich wie sein Collega bei Jean
Paul, Ehren Wuz, seine Romane nach den Titeln im
Meßkataloge, — wurde ausgespielt gegen den vornehmen
Reichsfreiherrn, der sich kein Gewissen daraus macht,
mit langem Arme den letzten Pfennig des Volksmannes
an sich zu reißen und in Goldstücke umzusetzen. Denn
„die fetten Honorare und Tantièmen" spielten in allen
Artikeln zu Bacherl's Gunsten die erste Violine. In
Bayern, namentlich in München, empörte sich für den
Märtyrer und gegen den Usurpator noch ein ganz be-

sonderer Trieb, — das Stammesgefühl, in diesem
Falle, wie in den meisten, versetzt mit einer „schwarzen“
Farben-Nüance ultramontanen Ursprunges. Bacherl
hatte in sich entdeckt, außer seinem unterdrückten Dichter-
talent, eine „weitschichtige“ Verwandtschaft mit dem
Herrn Erzbischof von München-Freysing. Zum hohen
Namenstage Seiner Gnaden versäumte der aufmerksame
Vetter nicht, mit einem Gedichte sich einzustellen, worin
„Glaube, Liebe, Hoffnung als hellstrahlender Diamant,
feuerrother Rubin, grüner Smaragd funkelten“; für
welche sinnreiche Juwelier-Phantasie, leider, nur ein
huldvolles Dankschreiben aus dem erzbischöflichen Secre-
tariat den Gratulanten lohnte. Alle diese Beziehungen
wußte Herr Franz Bacherl — Lord Francis Bacon
hat, allerdings unfreiwillig, in Shakespeare's Dichter-
ruhm einen ähnlichen Schatten geworfen, wie Franz
Bacherl in Halm's, — wußte er auszubeuten mit der
ganzen verschmitzten Findigkeit des Altbayern, gesteigert
durch die krankhaft überspannte Eitelkeit des allzeit
malcontenten Dorfschulmeisters. Er veranstaltete Sub-
scriptionen auf seine Werke, lyrische wie dramatische,
und that sich später sogar als reisender Declamator
und Improvisator vor dem gesammten deutschen
Publicum auf. Pokorny in Wien bot ihm, — irr'
ich nicht, geschah dies im Frühjahre 1857 — das
Theater an der Wien an für seine Production, gegen

ein Drittel der Brutto = Einnahme, wozu ein kunst=
liebender Gasthofbesitzer die Einladung auf freie Kost
und Wohnung für die Dauer des Aufenthaltes hinzu=
fügte. Bis fast an das Ende der fünfziger Jahre hat
der Pfaffenhofer „Hirte des Kleinviehs", pastor minorum
gentium, seinen Bakel in einen Rhapsodenstab verwan=
delnd und listig mit den gesammelten Ducaten oder
Friedrichsd'or anfüllend, seine Kunstreisen fortgesetzt.
Die kühlere Luft Norddeutschlands erwies sich indeß
nicht günstig für seine Zwecke; am Rhein, an der Elbe,
an Nord= und Ostsee ward er bald durchschaut und,
wie er es verdiente, behandelt: als halb komische, halb
verdächtige Figur. Er verschwand aus der Oeffentlich=
keit, nachdem er das Gaukelspiel seines Ruhmes nicht
lang überlebt. Persönlich ist er mir niemals begegnet;
er hat mich nicht aufgesucht, noch weniger ich ihn, und
so kann ich ihn auch hier aus meinem Gesichtskreis sich
verlieren lassen.

Was Halm durch ihn gelitten, das beschreibt sich
nicht. Baron Münch war in seinen Vorzügen, wie in
seinen Mängeln eine durchaus vornehme Natur, deren
feine Fühlfäden sich bei jeder Berührung mit der
Außenwelt schaudernd zusammenzogen. Daraus, mein'
ich, noch mehr als aus Standesrücksichten erklärt sich
die Pseudonymität, die er bei dem Betreten seiner
Dichterlaufbahn angenommen und lange, nachdem sie

völlig durchsichtig geworden, festgehalten hat. Durch
die öffentliche Anklage auf Diebstahl fühlte er sich in
seiner Ehre als Edelmann, in seiner Ehre als Schrift=
steller doppelt gekränkt; die letztere stand ihm vielleicht
noch höher, als die erstere. Um so tiefer packte,
schüttelte, marterte ihn die wilde Jagd, die sich an
seine Fersen geheftet, durch die Spalten aller Zeitungen
ihn hetzend, als er schon bei seinem ersten und größten
Erfolge auf das Gespenst derselben Verleumbung ge=
stoßen war: „Griseldis" sollte nicht sein Eigenthum
sein, sondern Enk's, seines Lehrers. Aus den ersten
drei Monaten des Jahres 1856 besitze ich Briefe
Münch's, in denen jede Zeile blutet; es ist, als
krümmten und wänden sich die zarten, ängstlich kleinen
Schriftzüge seiner Hand vor tödtlicher Qual. Nament=
lich einer, vom 9. März 1856, gehört zu den beredtesten
Schmerzensschreien, die jemals eine menschliche Brust
ausgestoßen. Er wird, für den Schreiber wie für den
Empfänger ein goldenes Blatt, in meinem Tagebuche
aus Wien einst seine Stelle finden.

An dem Tage, da Münch sich vor aller Welt zum
Fechter bekannte, — mich dünkt: bei Veröffentlichung
des Trauerspiels durch den Buchhandel, im Frühjahre
1856, — wußte ich, was ich zu thun hatte: ich kün=
digte, zuerst auf dem Wochen=Repertoire, welches Sonn=
tag den 13. April gedruckt wurde, dann auf dem

Zettel der Vorstellung, Dienstag den 15. April, das bisher anonym gegebene Stück an als: von Friedrich Halm. Damit war das Signal für die Münchener Hetze gegeben. Meine Freunde warnten, unter Hinweis auf die offenkundige Erschütterung meiner Stellung. Der einzige Geibel, mir immer ein guter, ein treuer, auch ein tapferer Kamerad gewesen, gab mir Recht. Er sagte: „Als Intendant sollte er es vielleicht nicht thun, denn es schadet ihm; als Freund Münch's braucht' er es auch nicht zu thun, denn er nützt ihm nicht; aber als Dichter muß er es thun. Wir sind solidarisch mit einander verbunden, wir von Gottes Gnaden, gegen die durch Pöbels Gunst. Also vorwärts, langer Franz!" Ich drückte meinem Emanuel die Hand und — that's.

Dienstag Vormittag kamen die ersten Sturmvögel in die Kanzlei geflogen. Die Zettelträger erzählten: an den Straßenecken wären die Zettel theils abgerissen, theils beschmutzt, theils mit Bleifeder corrigirt, d. h. „Friedrich Halm" dick durchstrichen, noch dicker darüber geschrieben: „Franz Bacherl". Unser Mercurius aus der Vorstadt Au producirte schüchtern das Frag= ment eines Zettels, worauf, quer über das königliche Wappen am Kopf, mit Rothstift und hinter einer wunder= schön gezeichneten Hand zu sehen und zu lesen stand: Pereat Dingelstädt!!!

Um zwölf Uhr meldete der Tagscassirer, — Schweiger hieß er, — mit herkömmlicher Gravität: „Ausverkauft“. Aber der würdige alte Knabe, der ein vertrauen=erweckendes Bäuchlein vor sich hertrug und mit einem hochrothen Biergesicht unter schnee=weißen Haaren in die dunkle Cassa hineinleuchtete, er sprach das willkommene Wort nicht aus wie sonst, mit strahlender Miene, die zu sagen schien: „Heut’ Abend kann sich ein armer Tagscassirer ein paar Maßerl’n extra vergunnen“; vielmehr war er sichtlich nieder=geschlagen, ärgerlich, mißvergnügt, und sagte, ehe er sich abschob: „Mir scheint, mir scheint, Gnaden Herr Intendant, auf die Nacht setzt’s wieder was.“ Die gleiche Warnung sandte, durch den Hausinspector und Secretär Schmitt, mein allzeit hilfreicher Nachbar, Polizeidirector Düring. Ich ließ ihm danken; was Schmitt billigte, jedoch mit dem Rathschlag, ein in ähnlichen Nöthen oft gebrauchtes Hausmittel zu ver=suchen: Absage der Vorstellung. „Wenn ich an Ihrer Stelle wäre,“ flüsterte er, „so müßte mir der Dahn oder sonst ein zuverlässiges Mitglied plötzlich krank werden.“ Trotz der Zuverlässigkeit schämte ich mich vor meinem Personal und vor mir der Nothlüge, die obendrein, im besten Falle, mir nur eine Galgenfrist gewährte. Ich entschied: „Nein,“ und ging, früher als gewöhnlich, von der Kanzlei nach Hause.

Daß mich mein unerbittliches Gedächtniß mit solchen nichtswürdigen Nebendingen durch Jahrzehnte verfolgt! Bei Tisch gab es an dem Tage eine meiner Leibspeisen: Renken, auf dem Rost gebraten, einen delicaten Fisch aus den bayrischen Seen, und die letzten Schnepfen, letztere ein Nimrodgeschenk meines erlauchten Gönners und Nachbarn, des Grafen Bassenheim. Meine arme Frau pflegte mein sterbliches Theil bei allen Gelegenheiten, wo dem unsterblichen Stürme und Kämpfe drohten, mit besonderer Aufmerksamkeit zu stärken und zu laben. Sie wußte, was bevorstand, und wunderte sich deshalb nicht, — desto mehr aber die zwei ältesten Kinder, die seit einiger Zeit für tafel= fähig erklärt worden waren, — daß Papa nur einmal von den guten Fischen nahm und sein Weinglas halb voll stehen ließ. Ich fand eben nirgends Ruhe, auch nicht am häuslichen Heerd, über welchem, bis zu den Leuten hinab, die Ahnung einer nahen Gefahr drückend lagerte. Mit Mühe hatte ich durchgesetzt, daß meine Frau mich nicht in das Theater begleitete, sondern zu Liebig's ging, wo ich nach der Vorstellung sie abholen würde. Sie war, begreiflicher Weise, noch aufgeregter als ich, und unserem treuen Jacob zitterte sogar die Hand, als er, ein Opfer schmückend, die Schleife des Maximilians=Ordens in das Knopfloch meines schwarzen Fracks steckte. Jenny küßte mich zum Abschied unter erstickten Thränen und machte, wie sie immer that, wenn ich auf Reisen ging oder auf wichtige Gänge, auf Stirn und Brust mir das Kreuz. Ueber das Treppengeländer sah sie uns nach und rief: „Jacob, daß Sie mir gut Acht geben auf den Herrn!"

Um halb sieben Uhr begann die Vorstellung. Da ich in's Theater kam, volle zwanzig oder dreißig Minuten früher, war das Parterre schon überfüllt. Schmitt berichtete, daß man „rottenweise", gleich nach Eröffnung des Hauses, die Bänke besetzt hätte; „ein Billeteur, der den Bacherl kennt, will gesehen haben, daß ein Haufe junger Bursche ihn in die Mitte genommen und im dunkelsten Parterrewinkel versteckt hat." Ich zuckte die Achseln und ging auf die Bühne, meine Truppen mustern. Auch dort dumpfe Gährung; doch begrüßte mich die Mehrzahl mit Sympathie. Nur bei zwei Mitgliedern ersten Ranges entdeckte ich, zum ersten Male an jenem Abend, das Wahrzeichen einer bevorstehenden Veränderung: schlecht verhehlte Schadenfreude blitzte aus ihren Augen, eine unterdrückte Ironie aus den übertrieben höflichen Verbeugungen, womit sie mir entgegentraten. Es waren zwei Herren, die Herren.. Soll ich sie nennen? Pfui Teufel! Sie leben noch und haben ihren Lohn dahin. Doch eines Verstorbenen will ich in Ehren gedenken: des braven Büttgen, der im „Fechter" zwar einen Ueberläufer und Verräther spielte, Flavius Armin, im Gefecht aber mir allzeit ein treuer Soldat gewesen ist. Er zog mich auf die Seite, meine Hand an sein Herz, das heftig unter der Toga schlug. „Herr Intendant," bat er, „wollen Sie mir eine Liebe thun? Bleiben Sie heut' Abend hier unten, bei uns!" Ich riß mich los mit einem, ver= muthlich recht mißlungenen Spaß und eilte hinüber in die Residenz, die Majestäten abzuholen. König Max ließ heraussagen, er werde später kommen; ebenso Königin Marie. Nachdem beide Herrschaften ein= getroffen, meldete ich mich in der königlichen Loge und bat die Majestäten, vor dem Ende der Vorstellung sich zurückziehen zu wollen, da möglicherweise ein Spectakel im Publicum versucht werden würde, gegen Halm, für Bacherl. Es war beiläufig dieselbe Situation, wie die bei meinem Debut als Intendant; aber eine sehr ge= änderte Lösung. Der König neigte das Haupt und sprach in sehr ernstem Tone: „Wir werden nach dem vierten Act gehen." Weiter kein Wort, auch nicht, da ich die Majestäten heimgeleitete. Ein stummer, kühler Gruß.

Die Vorstellung wollte kein Ende nehmen. So wenigstens schien es mir, wie ich sie auch, gewiß nur nach der eigenen Stimmung, unruhiger, fieberhafter und unbefriedigender fand, als die früheren. Als der fünfte Act endlich, endlich, dem Schlusse nahte, ging ich hinab auf die Bühne. Polizeidirector Düring und Inspector Schmitt spazierten, Arm in Arm, hinter den Coulissen auf und nieder, wo sich, vollzählig und malerisch gruppirt, auch das Kunst=, Haus= und Dienst=Personal versammelt hatte. Die Ohren spitzend, die Mäuler aufsperrend, harrten alle der Dinge, die da kommen sollten. Während ich die Coulissen von Allen, die nichts darin zu thun hatten, säubern ließ, spielte sich draußen die letzte Scene ab, in lächerlicher Vor=bedeutung für mich eine Verschwörung im Murmeltone:

Cassius.

Du siehst, es drängt die Zeit. Er oder wir!
Erforschtest du der Prätorianer Stimmung?

Cornelius.

Sie sind für uns.

Cassius.

Und so auch der Senat.

Cornelius.

Wann also meinst du?

Cassius.
Morgen.

Cornelius.

Gut denn! Morgen!

Der Vorhang fiel, „rasch," wie es der Dichter vorschreibt. Darauf brach im Hause ein Beifallssturm los, aus welchem aber ein bestimmter Name, als Hervorruf, nicht zu vernehmen war. Die Trägerin der

Hauptrolle, Fräulein Damböck, ging hinaus; dann, als der Sturm sich wiederholte, Friß Dahn, der Friß Haase abgelöst hatte auf dem wurmstichigen Throne der Cäsaren. Da das Parterre und die Galerie immer weiter, immer lauter stürmten, jedoch immer noch ohne Namen zu nennen, zeigten sich, widerstrebend, nur auf meine Bitte, noch einmal, Hand in Hand, Dahn und Damböck. Eisiges Schweigen empfing Thusnelda und Caligula, plötzlich gebrochen durch den gellenden Schrei einer Weiberstimme, die im zweigestrichenen C auf= kreischte: „Bacherl 'rrraus!!" Wiederum fiel der Vor= hang, und zwar wiederum rasch; dies Mal ohne Vor= schrift, vor Schreck. Darauf begann denn der lang erwartete, lang zurückgehaltene Scandal, das sorgsam einstudirte, inscenirte Schauspiel im, oder nach dem Schauspiele. Zu den klatschenden Händen gesellten sich stampfende Füße und Stöcke, die an den Brüstungen und den Wänden des Parterre's, der Galerie den Tact traten und schlugen zu dem höllischen Finale. „Bacherl 'raus;" klang der Chorgesang männlicher und weib= licher Furien. Auf den Brettern, gleichsam das Echo, ein rathloses Durcheinander. Die Gucklöcher im Vor= hang, durch welche man, von der Bühne aus, vor und zwischen den Acten das Haus zu beobachten pflegt, waren besetzt von einer langen Queue ängstlicher Späher. Aus den Garderoben stürzten, halb aus=

gekleidet, händeringend, mich umdrängend, die Mit=
glieder. Die Regisseure stürmten auf mich ein: „Lassen
Sie uns hinaus und ankündigen, daß Herr Bacherl
nicht auf der Bühne ist!" — Damit man ihn im
Triumphe aus dem Parterre heraufträgt?! — „Wolan,
so sagen wir's muthig den Schreiern, daß wir Herrn
Bacherl nicht kennen und heißen sie heimgehen." —
Oel in's Feuer! — „Aber Etwas muß doch geschehen,
dem Scandal ein Ende zu machen." — Dasselbe meinte
der Polizeidirector, der mir anbot, das Haus durch
seine Leute räumen zu lassen. Ich lehnte dankend ab
und sagte: „Das besorg' ich selbst, und leichter. In=
spector Schmitt." — Herr Intendant? (Im strengsten
Feldwebelton, Hand an der Dienstmütze.) — „Bitte,
stellen Sie sich hier am Harlekinsmantel auf und be=
halten Sie meine Loge im Auge. Ich begebe mich
hinauf, damit meine Abwesenheit nicht falsch ausgelegt
wird. Sobald Sie mich oben sehen, zählen Sie auf
Ihrer Uhr fünf Minuten; ich thue desgleichen auf der
meinigen. Sind sie vorbei, so ziehe ich mein Taschen=
tuch. Darauf lassen Sie im Nu den Kronleuchter aus=
löschen. Noch fünf Minuten, und Sie verfahren ebenso
mit allen Gaslichtern auf den Stiegen, in den Corri=
dors. Nur die Nothlampen bleiben brennen." (Oel=
lampen, die, je eine in jedem Gang, im Gebrauch er=
halten worden, für den Fall, daß in der Gasbeleuchtung

eine Störung einträte.) — Zu Befehl, Herr Intendant. —
„Aber, bedenken Sie, in den Logen ist auch noch Publicum
anwesend." So warnte der Polizeidirector. — Desto
schlimmer für das Publicum. Das Stück ist aus.
Fünf Minuten hat das Nachspiel gedauert. Ich gebe
ihnen noch zehn zum Beschluß im Inneren des Hauses
und für draußen. Dann ist's genug." Sprach's,
wünschte allerseits gute Nacht, schlug die schwere Eisen=
thür zwischen Bühne und Zuschauerraum hinter mir
zu und stieg hinauf, an vielen, hastig davoneilenden
Besuchern des Theaters vorüber. Als ich in meine Loge
eintrat, hatten die bis dahin blinden Angriffe ihren
Gegenstand gefunden. Geschrei, Geheul, Gepfeif, Ge=
stampf, Gejohl empfing mich: „Pereat Dingelstedt!
Nieder mit Halm! Bacherl hoch! Bacherl 'raus!!"
Ich sah, wie ein fremdes Menschenkind aus dem
Dunkel des Parterres hervorgezogen, emporgehoben,
auf eine Bank gestellt wurde. Im Parterre wie auf
der Galerie stieg man auf Sessel und Bänke, drohte
hinauf und herab zu mir mit Fäusten, Stöcken, aus=
gebrochenen Stuhlbeinen   Ich hatte, was ich
einstmals thöricht mir gewünscht: eine Theaterrevolution
in bester Form. Mein Blick haftete starr auf der Uhr,
deren Pulsschlag langsamer ging als der meine. So=
bald der Zeiger die fünfte Minute erreicht, winkte ich
mit dem Tuch. Und es ward,   nicht Licht, — son=

dern Nacht, tiefe totale Finsterniß in dem ungeheueren
Hause. Nun brach der Lärm verdoppelt los, variirt
durch schallendes Hohngelächter des unparteiischen
Publicums. Doch verlief sich, nachdem sie sich heiser
geschrieen, allmälig die Menge. Nach Ablauf der
nächsten fünf Minuten erschien, unter Vortritt eines
Feuerwächters mit der Laterne, Inspector Schmitt,
mich abzuholen. Er hatte meinen Wagen vom Haupt=
portal, das noch dicht umlagert war, an den Seiten=
eingang beordert, wo die Theaterwagen warten. Allein
die wohlgemeinte Vorsicht war nicht unbemerkt ge=
blieben. Eine Schar aus dem Paradiese gefallener
Engel begleitete mein Coupé, das hart an dem Künstler=
pförtchen angefahren war. Jacob riß den Schlag auf,
warf mich hinein, dann, statt auf den Bock zu steigen,
sich hinterdrein, mich mit seinem Leibe deckend, und
fort ging's, in einem Tempo, das ich mein Lebtag von
Fiakergäulen nicht geahnt, das auch nur möglich war,
weil der Fuhrherr selbst, nicht ein Kutscher, Zügel
und Peitsche führte. Flüche, Knittel, Steine flogen
nach, geschleudert aus der, zu beiden Seiten auseinander
stiebenden Menge. Ein Wurf zertrümmerte den Futter=
kasten unter dem Kutschersitz. „Die Stückerln heb' ich
auf," knirschte mein Automedon, als er vor Liebig's
Hausthor anhielt, „heb' sie auf zum Andenken an die
Lausbuben, die verfluchtigen"

Würdiger Ortner, dein Porträt darf nicht fehlen als Federzeichnung am Rande des Münchener Bilderbogens. Er war das stil- und charaktervolle Urbild eines Fiakers aus der Altwienerschule, jedem kundigen Rosselenker der Kaiserstadt ebenbürtig an Pferde- und an gesundem Menschenverstand, an Humor, auch an Durst. Ein Prachtkerl; so lang wie ich, aber doppelt so breit; unstät auf den Füßen, desto fester auf dem Bock; ein lebendiges Frühlingsmodejournal für schreiend bunte Seidencravatten und weißgleißende Filzhüte. Sommer und Winter steckte er, wie eine Leberwurst in ihrer Schale, in einem langen, lichtgelben, ledertuchenen Ueberrock, aus dessen hohem Kragen eine Bardolphs= nase und ein blatternarbiges, feistes, aber unendlich gutmüthiges Vollmondsgesicht herauslachte, mit zwei kleinen, rothen, pfiffigen, weinseligen Aeuglein und großen Ohrringen in noch größeren Ohrwascheln. In der Stadt hielt er gewöhnlich eine Blume, irgend eine der Jahreszeit, Rose, Nelke, Aster, zwischen den Zähnen; auf Landpartieen eine Cigarre, an langem „Spitz“. Dafür, daß ich ihm, nicht allein in seinem Interesse, die meinigen aufdrängte, zahlte er mir mein Bier. „Denn,“ schmunzelte er mitleidig, „solch ein Bier wie ich krieget' der gnä' Herr doch nit, und wann er's Seidel aufwieg'n thät' mit blanke Guldenstückeln.“ Hinwiederum erquickte ich dann und wann seine Kenner=

zunge mit einer Flasche Deidesheimer aus meinem
Keller, den mein freigebiger Freund Buhl oder sein
Schwager Jordan aus der Pfalz mit der Blume ihrer
köstlichen Erzeugnisse zu schmücken pflegten   Wo
sind sie, die Zeiten, die Männer? Auch mein braver
Ortner dürfte hinüber sein. Wir liebten einander und
lebten, wie er selbst oftmals mir nachgerühmt, sechs
Jahre lang „wie die Brüder". Daß er mich bei
großen Gelegenheiten eigenhändig fuhr, war eine be=
sondere Auszeichnung. Als er bei der letzten, schweren
Fahrt zur Abreise mich auf dem Bahnhof abgesetzt,
weinte er wie ein Kind, wischte sich darauf mit dem
blaugewürfelten Sacktuch den Schnupftabak in's Ge=
sicht und busselte mich herzhaft ab, so daß meine Frau
obwol ihr nicht lächerlich zu Sinn sein mochte, hell
auflachte, halb über sein Gesicht, halb über das meinige.
In der Einsteighalle stand er noch am Waggon und
sah mir nach. Leb' wohl, alter Ortner! Oder, so Du
nicht mehr lebst, leb' auf in meiner Erinnerung, viel=
leicht auch in der eines und des anderen unter meinen
Lesern, Deinen Kunden!

Bei Liebig ging es am Fechter=Abend still zu,
„still und bewegt". Die Frauen weinten sich aus; der
Freund war weich, beinahe väterlich zärtlich. Nachdem
ich erzählt, was zu erzählen war, und verschwiegen,
was ich verschweigen durfte, brachen wir, Jenny und

ich, frühzeitiger als gewöhnlich, auf, ohne daß gesungen‚ gegessen und getrunken, oder ein behagliches Whist ge= droschen worden wäre. Ich klagte über Müdigkeit. Mein Weib am Arm, schritt ich durch die herrliche Frühlingsnacht dahin, leisen Herbstfrost im Innern, fühlend, daß mein Frühling unwiderbringlich vorüber war. In der Barerstraße stießen wir auf eine Reiter= patrouille, die blanken Helme und die weißen Mäntel der Cuirassiere im Mondschein aufleuchtend, welche langsam um den Obelisken=, richtig: Karolinen=Platz herumschwenkte und in die Max=Straße einbog. Am äußeren Thor des Montgelas=Hauses wartete, wider Gewohnheit, der Haushofmeister des Grafen, im Zwie= gespräch mit unserem vorausgeschickten Jacob, auf uns. Sie schwiegen betroffen, als ich nach dem Grunde ihres späten Wachtpostens fragte. Endlich ließ sich Herr Meyer, dem eine langsame, gedehnte, singende Sprech= weise zu eigen war, also vernehmen: „Nu' ja, — es ist nun einmal so, — und erfahren müssen es der Herr Intendant doch auch. — Da ist heut' Abend Einer von der Polizei daher kommen und hat angesagt, wir mögen auf's Haus passen, falls was gescheh'n sollt'. Glauben thu ich's nicht, aber wissen kann man's halt auch nicht. — Böse Menschen gibt's eben, — und dumme Viecher auch. — Und haben der Herr Intendant die Patroll' nicht bemerkt? — Ja, ja, die reitet nun schon eine ganze Stund' herum, und bis auf den Morgen, heißt es, sollen die Leut' Dienst haben. ."

Acht Tage schlief ich, von einer königlichen Leibwache umgeben. Ich hab' erprobt, daß Shakespeare, wie immer, das Wahre trifft, wenn er meint, eine Leibwache fördere den Schlaf nicht, eher das Gegentheil. Aber Herr Meyer behielt zum Glück Recht: es geschah Nichts. Ein Rudel Gassenbuben, die sich an den ersten Abenden um's Haus und im Hof umhertrieben, jagte der Montgelas-Kutscher mit der Peitsche auseinander; für welchen Liebesdienst er ein Freibillet auf die Galerie erbat und erhielt: „nicht für sich, blos für seinen Schatz." Ich schenkte ihm zwei, damit er und sein Schatz am nächsten Sonntag den „Hamlet" sehen konnten (mit fetten Lettern: Hamlet — Herr Bogumil Dawison, als Gast). Seitdem, so oft ich ihn, den Kutscher, auf dem Hofe beim Pferdestriegeln traf, grinste er freundlich, als wollt' er fragen: Gibt's nicht bald einmal wieder was?

Um das Elend des endlos langen Tages voll zu machen, schloß er mit einem Zankduett, allegro furioso, zwischen Jenny und mir. Wie es starken Naturen zu geschehen pflegt, hatte sich ihr Kummer in Zorn, ihre Angst um mich in Haß gegen meine Feinde verhärtet. Sie schnob Rache. „Wirf ihnen," rief sie aufflammend aus, "wirf ihnen, und das morgenden Tags, den Bettel vor die Füße. Wir sind, Gottlob, nicht arm; wir können auch noch verdienen, Du schreibst wieder, ich singe wieder. Ist's zu spät dafür, so geb' ich Singstunde. Wir ziehen nach Wien, ziehen, wohin Du willst. Nur fort von hier, wo man so Dir mitspielt, so Dir Wort hält, so dankt. Hier ist die Hölle für uns. Oder magst Du's abwarten, bis man es Dir macht, wie dem armen Dönniges?" — Vielleicht sprach mein guter Engel aus ihr; vergebens, wie es bekanntlich das Loos der guten Engel zu sein pflegt. Ich war damals noch nicht vierzig Jahre alt. Wär' ich gegangen, hätt' ich mich los und frei gemacht, wie viel würd' ich in einem Vierteljahrhundert haben schreiben können an eigenen Stücken, statt für fremde mich einzusetzen, an dreibändigen Romanen (niemals drunter, aber auch niemals drüber!), statt alleruntertänigst-treugehorsamste Rechenschaftsberichte?! Schreiben können, allerdings. Jedoch auch schreiben müssen, wollt' ich nicht, was ich als Bräutigam schon mit Abscheu von mir gewiesen, der Mann meiner Frau werden, ein Theater-Gatte, welcher der Primadonna das Notenblatt nachträgt und boshafte Kritiker abprügelt. Und dann: in mir regte sich der blinde Hessen-Trotz; lieber gegangen werden, als gehen, lieber fallen, als fliehen. Dabei flüsterte mir eine innere Stimme zu,

möglicher Weise die meines bösen Engels, der —
wiederum bekanntlich — zu siegen pflegt, daß mein
letztes Wort auf der deutschen Bühne noch nicht ge=
sprochen worden sei. Ich empfand die dämonische
Kraft des alten Zaubers: Wer Ein paar Sohlen auf
den Brettern zerrissen hat, der läßt nicht mehr von
der reizvollen Welt der gemalten Leinwandsetzen, der
bunten Seidenlappen, des Rauschgoldes, der plötzlich
geöffneten Versenkungen, des Gas= und Schminke=
duftes. Alice flehte umsonst. Robert folgte nicht
ihr, sondern dem Bertram in ihm; er stieg in die
Hölle hinab. Doch versöhnte er sich vorher mit Alicen.
Das Zankduett löste sich auf in ein schmelzendes Unisono.

Tags darauf — allein, wer weiß nicht, was
folgt? Quis caetera nescit? Es kamen die Zeitungen,
die, geraume Zeit hindurch, nur ein Lied sangen, nicht
einmal ein neues, bald im festen Dur des Volksboten,
bald im säuselnden Moll der Postzeitung: wie die
„Fremden" in Bayern das einheimische Talent unter=
drückten, wie sich die „Berufenen" zwischen den guten
König Max und sein getreues Volk drängten, wie er,
nachdem er sie, auf Kosten gleich befähigter Landes=
kinder, mit Wohlthaten überhäuft, ihren Undank ernten
und für ihre Verbrechen büßen müßte. Und so weiter,
senza grazia, aber mit geübter Meisterschaft, in infini-
tum. Es kamen Condolenz=Besuche heuchlerische

Anhänger, die zum Theil schon erbschleichend auf die Nachfolge in der Intendanz schielten; einer derselben wollte sich persönlich überzeugen, ob es wahr sei, was man sich in der Stadt erzähle, daß ich, thätlich mißhandelt, das Bett hüte. Es kam ein Brief Münch's aus Wien, der augenscheinlich auch gegen mich verstimmt, unter Anderem schrieb: „Ich kann nicht leugnen, daß die Nachrichten über die Aufnahme des Fechters bei seiner letzten Aufführung auf dem Münchener Hoftheater mich sehr schmerzlich berührt haben. Nicht als ob ich mich durch das rohe und gewaltthätige Verfahren einer Bande von Verrückten oder Betrunkenen gekränkt oder beleidigt fühlte; die Stimme des Pöbels ist mir nie Gottes Stimme gewesen. Was mich tief erschütterte, war der Umstand, daß ein solcher Scandal in München, unter den Augen eines Königs, der seit Jahren die edelsten Geister der Nation zur Pflege der Künste und Wissenschaften um seine Person versammelt hält, daß er gegen einen Dichter, der auf eine Reihe glänzender Erfolge hinzuweisen vermag, auf elendes Zeitungsgewäsch, auf erwiesen grundlose Verdächtigungen hin zu Gunsten eines Halbnarren stattfinden konnte. Was wollen diese Sinnlosen, was beabsichtigen sie, was können sie beabsichtigen, daß sie nach so vielen Niederlagen ihr blödsinniges Gelärm noch immer nicht aufgeben? Oder sind es nur die 20,000 Gulden, die ich nach den Journalen an Tantième vom Wiener Burgtheater eingenommen haben soll, und die nach richtiger Rechnung auf 2100 Gulden herabschmelzen, die diese Fackel angezündet, und all dies Geschrei verursacht haben?" — Zum Schluß das kühle Postscriptum: „Daß man sich auch gegen Sie, wie ich höre, zu Demonstrationen hat hinreißen lassen, bedauere ich von Herzen; war denn der Thorheit nicht genug?"

So kamen für und wider, Zeugnisse, Abstimmungen, Urtheile von allen Seiten; nur von Einer nicht, von oben. In der höchsten Sphäre herrschte Todtenstille. Doch war, wie ich später erfahren, vom 15. April 1856 an meine Entlassung bei König Maximilian beschlossene Sache, obwol sie, um vollendete Thatsache zu werden, noch voller neun Monate bedurfte. Mein persönliches Verhältniß zu Seiner Majestät schnitt jener Tag ab, wie mit dem Messer ab. Der König hat bis zu dem am 1. Februar 1857 vollzogenen Intendanz-Wechsel nicht eine Silbe mehr mit mir gesprochen, bis auf ein paar flüchtige Anreden, deren er mich bei öffentlichen Gelegenheiten, im Cercle an mir vorübergehend, würdigte. Alles, was meiner Stellung als solcher an dergleichen äußerlichen Ehren gebührte, das wurde mir unverkürzt, unverkümmert, gewährt: mein Platz an der Tafelrunde der Maximilians-Ritter, die sich jährlich einmal um Seine Majestät versammelten,

meine Stelle im großen Cortége, welches den Besuch
fremder Herrschaften im Hoftheater geleitete, die Theil=
nahme an der Neujahrscour, an Hofconcerten, an Hof=
bällen. Aber ich selbst hatte aufgehört für den König
zu existiren. Mit der souveränen — sagen wir: Ob=
jectivität, die nur den Souveränen möglich ist, weil
sie ohne dieselbe nicht Souveräne sein könnten, sah er
mich nicht, wenn ich, fast täglich, knapp vor ihm ein=
herschritt, die langen Gänge der Residenz und des
Theaters einmal hin, einmal her. Und das geschah in
einem halben Jahre unzählige Male, da der König, so
lang er sich in München aufhielt, sein Theater regel=
mäßig zu besuchen pflegte. Beim Kommen ein stummer
Gruß, mehr mit dem Hut, als mit dem Haupt; beim
Gehen ein gleicher; dazu dann und wann das Almosen
eines theilnehmenden Blickes der Königin. Das schreibt
sich leicht nieder, liest sich noch leichter, lebt sich aber
verdammt schwer durch. Da war unter den Hatschier=
Officieren, welche mit mir den Dienst thaten, ein
Veteran mit langen weißen Haaren, vom Alter gebeugt,
Knie und Füße in den steifen Lederhosen, den hohen
Stiefeln schlotternd; der sah mich eines Abends, als
wir zusammen die schwarze Stiege herunterkamen, aus
den Appartements Seiner Majestät in das Theater
zurückkehrend, von der Seite verstohlen an, mit dem
Ausdrucke tiefen, tiefen Mitleids. „Ja, ja,“ seufzte

er dann, mehr für sich, als zu mir redend, „das geht einmal nicht anders bei Hof. Heut' Regen, morgen Sonnenschein. Man g'wöhnt's, man g'wöhnt's!" Meine Ungnade war offenkundig; aber da ich niemals, — nicht in München, nicht an andern Höfen, durch die mein Lebensweg mich geführt, — als Günstling, als Tasso[1]) im schwarzen Fracke, mich gefühlt und betragen habe, so durfte ich, selbst auf die Gefahr, für einen aufdringlichen oder dickhäutigen Parasiten genommen zu werden, meine Stellung behaupten, ohne meine Haltung zu verlieren.

Im Herbst 1856 begannen, weil ich nun einmal

---

[1]) Hier breche ich die Gelegenheit vom Zaune, um mit Tasso eine Lanze zu brechen. So glühend ich Goethe liebe, den ganzen, einzigen Goethe, so glühend hasse ich dies einzige Stück von ihm, den Tasso. Mein Freund Auerbach vertheidigt es gegen mich; er nennt es die Tragödie der Empfindlichkeit. Aber Empfindlichkeit ist kein tragisches Motiv; sie kann nur ein Lustspiel abgeben („un homme qui prend la mouche"). Ist es nicht eine Sünde gegen den heiligen Geist der Geschichte, daß ein Hof der italienischen Renaissance aus Rand und Band geräth, weil ein großer Dichter eine kleine Prinzeß geküßt? Darüber wissen denn doch die Velse jener Zeit andere Chroniken zu erzählen. Und welch' ein Majestätsverbrechen, ein Verbrechen gegen die Majestät des Dichters, liegt darin, daß ein großer Dichter von einem kleinen Minister sich Lebensweisheit muß predigen lassen, daß er, unmündig wie ein Knabe, in der Sorge um seine Wäsche von vornehmen Frauen überwacht wird!

in meinem passiven Widerstand verharrte, von der
anderen Seite die Versuche eine Katastrophe herbei=
zuführen. Es wurden Mittelspersonen an mich ab=
geschickt, die mir die Initiative der Entlassung zuschieben
wollten; wobei man zu verstehen gab: ich werde weich
fallen, auf eine Sinecure an der Bibliothek, ein Uni=
versitäts=Katheder. Ich schüttelte den Kopf. Sim ut
sum, aut non sim. Darauf drängten und preßten
mich amtliche Maßregelungen. Ein Cabinetsschreiben
fragte an, ob ich mich getraue, mit einem Supplementär=
Etat von jährlichen 20,000 Gulden das Hoftheater
in der bisherigen Weise fortzuführen; ein zweites, ob
ich es vorziehe, die administrative und ökonomische
Leitung in andere Hände abzugeben und mich auf die
Dramaturgie zu beschränken, — dies fünfte Rad am
Thespiskarren. Mir widerstrebt es, die gewundenen
Winkelzüge einzeln zu verfolgen, die nur Ein Ziel
hatten: meinen Ausgang. Erfindungen subalterner
Geister, waren sie eines Königs entschieden unwürdig,
der ja einem Diener gegenüber seine Entschließung nur
auszusprechen, nicht zu begründen braucht. Umsonst
strengten sich meine Freunde an, die Machinationen
meiner Gegner im letzten Stadium noch zu durch=
kreuzen. Sie traten, mich vertheidigend, in der Presse,
in der Gesellschaft, im Theater für mich auf. Geibel
ließ sich sogar, offen und mannhaft, beim König

melden, ihm vorzustellen, daß meine Entlassung ein
Bruch mit des Königs eigenem System sei, wie mit
dem Principe, das Hoftheater durch einen Fachmann
leiten zu lassen, und daß man den abermaligen ver=
derblichen Intendanzwechsel wenigstens aufschieben
möge, bis ein Ersatz gefunden worden, nicht ein besserer,
nur überhaupt einer. Liebig und Pfeufer irrten, Hilfe
und Rettung für mich suchend, persönlich umher unter
den Hofwürdenträgern, den Ministern, den Vertrauten
des Königs; sie begegneten verlegenen Blicken, kühlem
Achselzucken, im besten Falle müßigem Bedauern. Ich
war ein aufgegebener Mensch. So urtheilten Alle,
so sprach es auch Geibel in seiner pathetischen Tonart
aus: „Du fällst; falle denn schön und würdig, wie
der sterbende Fechter. Et vivat sequens!"

Mittwoch, den 28. Januar 1857, kurz vor sieben
Uhr Abends, empfing ich mein Entlassungsdecret, nach=
dem am Morgen desselben Tages König Maximilian
eine Winterreise nach Italien angetreten, an deren
Vorabend ich ihn aus dem Theater, wie gewöhnlich,
schweigend, ohne Abschied zu nehmen, in seine Gemächer
heimgeleitet hatte. Ich empfing es aus den Händen des
Inspectors Schmitt, der am Hauptportal des Theaters auf
mich wartete. Ohne zu wissen, was ich that, — denn was
ich that, war sicher so wenig klug, wie paßlich, — ging
ich, nachdem ich unter der Lampe der Abendcassa das

Schreiben rasch durchflogen, in meine Loge. Man gab das Lustspiel meines lustigen Freundes Schleich: „Bürger und Junker" Wie sie mich anstarrten, als wär' ich ein Gespenst, die auf der Bühne, die im Parterre, die in den Logen, die auf der Galerie! Sie Alle hatten es ja, Vormittags im Hofbräuhaus, Nach= mittags im Café, Abends im Theater, bereits erfahren: daß vor der Abreise des Königs noch ein berühmter Proceß entschieden worden war, auf dessen Ende die Stadt München, das Land Bayern, die Welt „Theater" seit Jahr und Tag in ungeduldiger Spannung geharrt. Das Urtheil veröffentliche ich hier nicht. Ich schäme mich; nicht für mich, sondern für den Namen, der darunter steht.

Obgleich vorhergesehen und mit verschiedenartigsten Stimmungen erwartet, verfehlte mein Sturz nicht, ein gewisses Aufsehen zu machen. Die Ursachen des= selben lagen so klar am Tage und so nah, daß man darüber stolperte; desungeachtet verfielen Pharisäer und Schriftgelehrte auf die wunderlichsten Erklärungen. Einmal sollte ich der Königin Marie manquirt haben, Ihr, welcher Jedermann am Hofe, vom Oberstkämmerer an, bis herunter zum letzten Lakaien, mit wahrer Wonne diente. Eine andere Lesart wollte wissen, König Ludwig sei auf meiner Entfernung bestanden, weil ich es gewagt, einem Hofschauspieler die Erlaubniß zur

Mitwirkung in einer, zu Ehren des alten Herrn veran=
stalteten Dilettanten=Vorstellung zu versagen. Daran
war nun, weder in der Sache, noch im Motiv, ein
wahres Wort; im Gegentheil: König Ludwig hatte
kurz vor der Abreise des Königs Max diesen ausdrück=
lich vor meiner Entlassung gewarnt. „Das Theater
hat nie einen besseren Intendanten gehabt und
bekommt keinen so guten wieder"; so lauteten die
Worte, die mir von einem Ohrenzeugen brühwarm
hinterbracht wurden. Horchen gehört ja zur Haus=
ordnung an Höfen, und bei der Schwerhörigkeit des
Königs Ludwig bedurfte es keiner besonders feinen
Sinne, um die intimsten Gespräche im Kreise der
königlichen Familie zu erlauschen. Am geradesten
gingen noch diejenigen Organe der ultramontanen
Partei zu Wege und an's Werk, welche mir auf den
Kopf zusagten: ich habe die Theatercasse betrogen und
bestohlen, und sei entlassen worden, plötzlich, Knall
und Fall, weil man haarsträubende Unterschleife und
Schulden entdeckt habe. Solche Gegner konnte ich
fassen und vor Gericht ziehen; was denn auch in
einem hervorragenden Beispiele mit Hilfe meines Rechts=
und Herzensfreundes, des „rothen Hermann", geschah,
mit so glücklichem Erfolge geschah, daß der Redacteur
der „Augsburger=Postzeitung", — ein geistlicher Herr, —
wegen Verleumdung durch die Presse zu der höchsten

gesetzlichen Strafe, vierzehntägigem Arrest, verurtheilt wurde. Gleichzeitig kam, in Folge der sogenannten Extradition, der Auslieferung der Intendanz an meinen Amtsnachfolger, das wahre Resultat meiner Verwaltung an's Licht. Ich konnte einen Baarbestand von mehr als 13,000 Gulden in der Casse nachweisen, so daß mehr als die Hälfte des Cholera-Anlehens von 20,000 Gulden nach Verlauf Eines Jahres bereits gedeckt erschien.

Traurige Genugthuung, was half sie mir? Ich war gefallen, ich blieb am Boden liegen, das Opfer einer, halb Palast=, halb Theater=Intrigue, deren Fäden allerdings in Vorzimmern ausliefen, aber in ungleich vornehmeren Räumen angesponnen worden waren. Nach der alten Criminalistenregel verfahrend: Quaere, cui prodest, stieß man, nach dem Urheber suchend, auf ein paar „kleine Herren", an Höfen in der Regel mächtiger als die großen, welche es sich, nach meinem Abgange und nach dem kurzen Schatten= regiment meines nur als Nothnagel herangezogenen und bald wieder weggeworfenen Nachfolgers, im Theater wohl sein ließen. Dieser Schmitt, der Lehr= ling Küstner's, unter Fraÿs dessen Gesell geworden, mein alter ego, — er hatte sein Meisterstück an mir gemacht und sich auf meinen Stuhl gesetzt, den er darauf inne gehabt während eines zehnjährigen Inter-

regnums. Dem König Max aber war meine Be=
seitigung als eine Sühne für die verletzte öffentliche
Meinung dargestellt worden. Gerade wie mit Dön=
niges, verschwand auch mit mir ein Hinderniß, so
hieß es, das zwischen König und Volk gestanden, ein
trüber Fleck in der Popularität des Ersteren. „Ich
will Frieden haben mit Meinem Volke", hat König
Max bei einem Ministerwechsel einst ausgerufen. Ein
schönes Wort, aber auch ein sehr dehnbares, dem Miß=
brauche ausgesetztes. Wußte er immer, wo sein Volk
war? Sein Volk, wußte es immer, was es wollte?
Noch ein charakteristischer Zug: Gleichzeitig mit meiner
Entlassung, vielleicht mit derselben Feder, welche mein
Todesurtheil unterschrieben, zeichnete der König die
Cabinetsordre, welche die Restauration des alten, des
sogenannten Residenztheaters befahl. Während die
eine Hand nahm, gab die andere, um darzuthun, daß
nicht um des schnöden Mammons willen König Max
mich von sich gethan habe, und wie in allen Stücken
gerecht seine Herrschaft sei. Sechs volle Jahre strebte
ich nach diesem Ziel, überzeugt, daß, bei den eigen=
thümlichen Bedingungen des Theaterlebens in München,
ein kleines Haus neben dem großen, ebenso künstlerisch,
wie ökonomisch, von bedeutendem Vortheil sein müsse.
Die Erfahrung hat seitdem, mehr als zwanzig Jahre
hindurch, diese meine Ueberzeugung bestätigt; mir aber

sollte es nicht vergönnt sein, zu ernten, wo ich gesäet. Ich schied am 1. Februar 1857, und am 28. November 1857, am Geburtstag des Königs Max, wurde das neue alte Theater eröffnet. Sic vos, non vobis!

Wie mir zu Muth gewesen, als ich Sonntag, den 1. Februar früh Morgens aufwachte, über Nacht, oder doch binnen drei Tagen, heimathslos, berufslos, brot= los geworden? Denn eine Gnadenpension von jährlich eintausend Gulden rheinisch konnte, wenn eine an Wohlstand gewöhnte Familie davon hätte existiren müssen, nicht den bescheidensten Ansprüchen genügen. Nun, ich denke: genau so, wie dem unglücklichen Aelpler, über dessen sicher gewähnter Hütte eine Lawine plötzlich niedergegangen ist. Das Häuslein steht zwar noch, aber die Sparren und Schindeln des Daches ächzen bedenklich unter der kalten Last; die schwachen Grundmauern scheinen mit jedem Augenblick sich tiefer zu senken, in den Wänden klaffen, wie Todeswunden, tiefe Risse, durch welche das eisige Naß hindurchsickert. Die verschütteten Bewohner leben noch, jedoch nur ein Schattenleben ohne Licht und ohne Luft von Außen, abgeschieden von der Oberwelt, in dumpfer Resignation des nahen Endes gewärtig. Die Kinder, welche gestern mit fröhlichem Lärm den trauten Raum erfüllten, kauern, vor Frost und vor Angst zitternd, am erloschenen Heerde; fünf arme, dem Untergang

geweihte Wesen, denn zu meinem schwäbischen Klee=
blatt hatte sich ein besonders wohl gediehenes bayrisches
Pärlein gesellt. O, es waren trübe, traurige Tage,
Nächte, Wochen, in denen nur das starke Herz meiner
Frau mich aufrecht und das Haus zusammen hielt.
Sie hatte sich wieder gefunden, sobald die Entscheidung
gefallen war. Als der bittersten Stunde erinnere ich
mich eines Abends, da ich, von Furien gepeitscht, vom
Eßtisch auf= und hinausgeflüchtet war in die stürmische
Nacht. Unbewußt, oder von geheimem Drang getrieben,
umkreiste ich, einer abgeschiedenen Seele gleich, die
Stätte meines Wirkens, das Theater, welches mit
seinen zahllosen, hell erleuchteten Fenstern, dämonisch
höhnend in meine Finsterniß herniederblickte. Ich
eilte nach Hause und fiel, in Thränen aufgelöst, meiner
treuen Lebens= und Leidensgefährtin in die Arme.
Sie saß mit Gabriele, unserer ältesten Tochter, die
noch wachte, während die Jüngeren schon zu Bett
gebracht worden waren, bei der Lampe und lehrte die
Kleine stricken. Das Kind, damals zehnjährig, schluchzte
laut auf, als sie mich weinen sah. Vor ihr, wie vor
ihren Geschwistern, war der Schlag, der uns getroffen,
natürlich nicht besprochen worden; die zwei Jüngsten
freuten sich sogar, wenn Papa und Mama Abends
nicht in's Theater mußten, sondern bei ihnen blieben.
„Weißt du denn", fragte die Mutter, „warum Papa

weint?" — Gabriele nickte und flüsterte, kaum hör=
bar: „Weil wir nicht mehr Intendant sind!" Dieser
Pluralis des Schmerzes, die tief empfundene Gemein=
samkeit schweren Leides im Munde des unschuldigen
Kindes ging mir durch Mark und Bein. Meine
Qual hätte nicht heißer sein können, wäre ich Schuld
gewesen an dem Unglücke der Meinigen.

Zum Glück dauerte der unerträgliche Zustand des
Lebendigbegrabenseins nicht lange. Spatenstiche und
Schaufelschläge von Draußen drangen bald an unser
Ohr; dann hilfreiche tröstende Stimmen. Die Haus=
genossen, die Nachbaren, die Freunde brachen sich
Bahn zu uns, uns Bahn in's Freie. Die Stimmung
gegen mich hatte umgeschlagen, ich fühlte mich, da ich
in die Oeffentlichkeit zurückkehrte, von sanften Früh=
lingshauchen des Mitleids, der Theilnahme, der Ach=
tung umweht. Die aura popularis, wetterwendisch
wie sie ist, schmeichelte mir jetzt, und das aus Regionen,
die unlängst noch Nichts als Kälte und Wolken für
mich gehabt. Von nah und von fern kamen Condolenz=
schreiben, darunter auch solche, die mehr brachten, als
Bedauern. Aus Gotha lud mich Herzog Ernst in
einem wundervollen Brief ein, der Gast seines Hauses
zu sein, so lang' ich möge und mich von den Folgen
meines, seit geraumer Zeit von ihm prophezeiten
Münchener Purzelbaumes zu erholen. Franz Liszt,

mein berühmter und bewährter Freund, rief mich, im
Namen des Großherzogs von Sachsen, nach Weimar,
da Seine Königliche Hoheit den Augenblick gekommen
glaubte, seine oftmals ausgesprochenen Absichten auf
meine Erwerbung für sein Theater zu verwirklichen.
Hier bot sich nun eine wirklich und thatkräftig
rettende Hand, und dennoch zögerte ich, zuzugreifen.
Der Schreck lag mir noch bleischwer in den Gliedern.
Meine Freunde riethen zu; „um mich los zu werden,"
raunte mir krankhaftes Mißtrauen in's Ohr: Unglück,
namentlich unverschuldetes, macht ja mißtrauisch.
Kolb's Stimme gab den Ausschlag; er kam eigens
herüber von Augsburg und drängte zur Annahme des
ehrenvollen Antrages. „Nicht sowol zu Ihrer Genug=
thuung", sagte er; „dergleichen Auffassungen redet man
sich, ohne daß sie objectiv von Werth und Bedeutung
sind, ebenso leicht ein wie aus; sondern damit Sie
wieder in Thätigkeit kommen und dem deutschen
Theater nicht verloren gehen." Ich folgte ihm, ging
in der Charwoche nach Weimar und schloß, nach Einer
Stunde Unterhandlung, für den Herbst ab. Mein
Debut als General=Intendant fiel in die glänzende
Festwoche zu Anfang September, da Rietschel's Doppel=
Standbild Goethe's und Schiller's vor dem Hoftheater
feierlich enthüllt wurde, — zwei riesige Schild= und
Wappenhalter vor einem kleinen, aber reinlich gehal=

tenen und im Sinne der größten Ueberlieferungen er=
haltenen Hause.

Mit der Ankunft im Hafen könnte ich hier
meine Münchener Odyssee beschließen, hätte ich nicht
noch einer letzten Begegnung mit König Max, einer
beiderseits unerwünschten und wenig erfreulichen, zu
gedenken.

Im Frühling kehrte Seine Majestät aus dem
Süden zurück. Eine Friedenstaube mit dem Oelzweige,
verkündend, daß sich die großen Wasser verlaufen,
zwar nicht ausdrücklich in dieser Mission gesendet, aber
glaubwürdig, war meine geistreiche Freundin, Charlotte
von Oven=Hagn, vorausgeflogen gekommen. Ihr hatte
König Max, nachdem er, frei von den Eindrücken der
Münchener Umgebung, aus den Protokollen und Acten
des Intendanz=Wechsels die Wahrheit erkannt, in Rom
eines Tages nachdenklich gesagt: „Dem Dingelstedt ist
doch wol zu viel geschehen." — Auf ihre Antwort:
„Aber Nichts, Majestät, das sich nicht gutmachen
ließe," schüttelte er den Kopf und ließ das Gespräch
fallen.

Um dieselbe Zeit, im April oder Mai, — ich
weiß es nicht genau, da meine Tagebücher während
des damaligen Zwischenreiches weiße Lücken zeigen —
war Kaulbach damit beschäftigt, als Abschiedsgeschenk
für meine Frau mein Porträt zu zeichnen; Bruststück,

in Kreide, über Lebensgröße. Unseren ganzen Kreis
hat der Meister in solchen, so zu sagen: monumentalen
Bildern festgehalten, welche die volle Tiefe seiner Auf=
fassung, die Kraft seiner originellen Charakteristik, und,
trotz dem Mangel der Farbe, den Glanz seiner Aus=
führung, fast hätt' ich geschrieben: seines Pinsels, tragen.
Er arbeitete daran, nicht bei sich zu Hause, sondern in
seinem Atelier in der Akademie, wohin ich zu häufigen
und langen Morgensitzungen von ihm bestellt wurde.
Kaulbach war weder mit sich, noch mit mir zufrieden.
„Ihr seid," sagte er, — wir ihrzten uns, auf dem
Weg vom Sie zum Du stecken geblieben, — „Ihr seid
eigentlich ein ganz schöner Kerl, aber Ihr habt alle
Tage ein anderes Gesicht. Man weiß nie, wo man
Euch packen soll." So wurde denn, unermüdlich, ob auch
ermüdet, fortgesessen, fortgezeichnet, fortgeschwatzt, fortge=
raucht. In eine solche müßig=thätige Vormittagsstunde fiel
plötzlich einmal, dem Meister natürlich nicht unerwartet,
desto mehr aber mir, der Besuch des Königs Max,
angekündigt durch den voraneilenden, die hohen Flügel=
thüren geräuschvoll aufreißenden Akademiediener. Der
König stutzte, da er mich gewahrte; ich sprang auf,
fühlte, daß ich bleich wurde bis in die Lippen hinein,
gleich darauf wieder feuerroth, und warf, wüthend
über mich selbst und meine Schwäche, meine Cigarre
auf den Boden, daß sie Funken stob. Kaulbach's selig

lächelndes Antlitz verzog sich in hundert Fältlein, bis zur sprechendsten Reinecke-Fuchs-Maske. Er machte seinem hohen Gast, welcher zuerst an ihn, dann an mich einige Begrüßungsworte gerichtet hatte, die Honneurs des Ateliers, zeigte, was an Neuem vorhanden war, und erläuterte eine und die andere Skizze für Zukünftiges. Ich stand indeß, abgewendet, am Fenster und starrte, — wahrhaftig: wie in einer Betäubung, in's Blaue hinaus. Nachdem der König seinen Rundgang vollendet, augenscheinlich hastig und übel aufgelegt, trat er an mich heran und fragte, wie es mir gehe, was meine Muse mache, ob ich nicht auch ein Bild auf der Staffelei habe? Er war nicht viel gefaßter als ich, der ich, Gott weiß welche verworrenen Antworten suchte und nicht fand, stammelte oder gewaltsam wieder hinunterwürgte, bejammernswerth in meiner hilflosen, hinterdrein mir selbst unbegreiflichen Unmündigkeit. Mir war, als hätte mich ein Schlag getroffen und gelähmt; das ganze Unrecht, das schwere Herzeleid, die öde Verzweiflung der letzten drei Monate machte ich noch einmal durch, in einige Minuten zusammengepreßt.

Als der König verschwunden, und Kaulbach von dessen Geleit zurückgekommen, fiel ich über Letzteren her mit einer Fluth von Vorwürfen, warum er das mir angethan? Er warf sich lachend in seinen Stuhl und forderte mich auf, eine neue Cigarre zu nehmen; dann wollten wir weiter reden, weiter arbeiten. „Heute nicht eine Secunde mehr," entgegnete ich, und der Schwall meines Unmuths sprudelte auf's Neue hervor. Darauf erhob sich Kaulbach, legte den Wischer, den er schon wieder emsig in dem Pelzkragen meines Conterfeis spazieren geführt hatte, bei Seite, seine beiden Hände fest auf meine Schultern, und sah mich lange durch= dringend an, mit seinen merkwürdig scharfen und aus= drucksvollen Augen, die in ihren tiefen Höhlen lagen, gleich Raubthieren, sprungfertig, funkelnd in grünlich= braunen Lichtern. Darauf sagte er leise, langsam: „Diese Viertelstunde ist mir um Tausende nicht feil. Darin ist abgebüßt worden, was Ihr ausgestanden habt, und Eure Freunde mit Euch, um Euch. Daß Ihr das nicht mitfühlt!"

Und so, in einer Dissonanz, sollte die Erinnerung an München, an mein liebes, liebes München und an den guten König Max ausklingen? Nein, nein! Er hat mir Vertrauen geschenkt, soweit sein armes, blut= armes, und schon darum mißtrauisches Herz zu ver= trauen vermochte, hat mir Gnaden erwiesen, bis er es für seine höhere Pflicht hielt, mir ungnädig zu sein, hat mich erkannt und anerkannt, bevor er gezwungen wurde, mich zu verkennen. So will ich denn auch mit dem Accorde schließen, den er selbst, König Max, ge=

funden, um die Disharmonie, worin wir geschieden, sanft aufzulösen.

Mein Nomadenzelt stand geraume Zeit schon an den stillen Ufern der Ilm, „deren leisere Welle manches unsterbliche Lied belauscht", als ich, am Morgen des 18. November 1857, durch die Post aus München ein königliches Handschreiben erhielt, wohlbekannten Papiers und Formats, mit den, so oft und in so verschiedenen Stimmungen durchflogenen Schriftzügen. Dasselbe lautete wie folgt:

„Herr General=Intendant Dr. Fr. Dingelstedt! In Hebung der künstlerischen Leistungen Meiner Hof= bühne haben Sie, namentlich durch Ihre Bemühungen für das Zustandekommen des Gesammt=Mustergastspiels an dem Hoftheater zu München im Jahre 1854, sich Verdienste erworben. Es gewährt Mir Vergnügen, Ihnen hierdurch mitzutheilen, daß Ich Ihnen unterm heutigen das Ritterkreuz Meines Verdienst=Ordens der Bayerischen Krone verliehen habe. Der Ich mit voller Werthschätzung bin Ihr wohlgeneigter Max. München, den 15. November 1857."

Drei Tage später traf der fünfstrahlige Stern und das Brevet des Ordenskanzleramtes ein. Sie überraschten mich nicht, so wenig wie das Handschreiben. Warum nicht? Weil drei Tage früher ein Brief Liebig's ange= kommen war, in welchem der weise, weltkluge Meister und

Freund unter Anderem schrieb: „Sie sind wieder einmal Hof= und Stadtgespräch in München geworden. Der König hat Ihnen den Kronenorden gegeben, aus eigener Entschließung, sogar unbeirrt durch directe Einsprache; von welcher Seite, das können Sie sich wol denken. Nun sieht man Sie schon zurückkommen und verfällt, um dies Unglück zu verhüten, auf die wunderbarsten Reagentien. Unser gemeinschaftlicher Freund * * * hat eine Wette angeboten, daß Sie mit éclat den Orden zurückschicken werden. Das wäre so recht Wasser auf seine und seines Gleichen Mühle. Sie werden wissen, was Sie zu thun haben. Aber bedenken Sie dabei: mit einem Könige schmollt man nicht, und hier ist einmal einer von den wenigen Fällen, wo ein Orden einen Sinn hat. So sehen es Ihre Freunde an, und deswegen bin ich beauftragt worden, Sie zu präveniren. Jedoch nicht von Seiner Majestät beauftragt, wie ich ausdrücklich bemerke." Der Gemeinschaftliche verlor die Wette, dafern sie überhaupt abgeschlossen wurde. Ich behielt den Orden und dankte brieflich dem Könige.

Wiedergesehen habe ich ihn im Leben nicht, wol aber nach seinem Tode; welchem erschreckend raschen Tode meine herzlichen Thränen flossen, als mir, am Morgen des 11. März 1864, Kammerfourier Jordan in Weimar Hoftrauer ansagte. Dies „bildlich" zu verstehende Wiedersehen begab sich vor einigen Jahren

zu Lindau am Bodensee, wo des Verstorbenen Standbild, an der schönen Schwelle seines schönen Landes,
den Wanderer, den nahenden wie den scheidenden, königlich grüßt. Auf dem Wege von Wien in's Engadin
passirte ich die Stelle, zwischen dem Lindauer Bahnhofe
und dem Romanshorner Dampfschiffe einen kleinen
Schnell- und Dauerlauf riskirend, obendrein mit Hinder-
nissen: am rechten Arme meine Frau, am linken meine
Tochter, im Schlepptau ein mit Tüchern, Taschen,
Schirmen bepacktes böhmisches Stubenmadl. Ich er-
schrak, da ich, urplötzlich, unvermuthet, vor meinem
ehemaligen Könige und Herrn stand. Er war es, wie
er leibte und lebte, im Antlitz, in der Gestalt, in der
Haltung sprechend ähnlich, nur in Einem Stücke verschieden. „O Max, Max, wärst Du damals ehern gewesen,
wie Du es jetzt bist“   So wollt' ich aufseufzen,
stehen bleiben, rasten; da rief das letzte Glockenzeichen.

Ade, König Max! Ade, Du, in Deinem lichten
Blauweiß so heiter dreinschauendes Bayernland! Ade,
mein fernes, farbiges München! Euch dank' ich, wenn
auch nicht die beste Zeit meines Lebens, — denn ich
habe anderwärts ruhigere, wiederum anderwärts glän-
zendere Jahre gehabt, — so doch sicher die glücklichste.
Solche Freunde und solche Freuden, so fröhlichen Krieg,
so berauschenden Sieg: ich finde sie nimmer und nimmer-
mehr. Versunken im See. Ade, ade!

———